本书获中国农业农村部全球渔业资源调查监测评估专项、上海高水平地方
高校建设项目资助

鼓励政策改变：实现渔业
可持续性和适用性发展

Encouraging Policy Change for Sustainable and Resilient Fisheries

（法）克莱尔·德尔珀什（Claire Delpeuch）
（法）芭芭拉·哈特尼克扎克（Barbara Hutniczak） 著

邹磊磊　译著

中国海洋大学出版社
· 青岛 ·

图书在版编目(CIP)数据

鼓励政策改变:实现渔业可持续性和适用性发展 /
(法)克莱尔·德尔珀什(Claire Delpeuch),(法)芭
芭拉·哈特尼克扎克(Barbara Hutniczak)著;邹磊磊
译著 . -- 青岛:中国海洋大学出版社,2023. 11
书名原文:Encouraging Policy Change for
Sustainable and Resilient Fisheries
ISBN 978-7-5670-3690-1

Ⅰ.①鼓… Ⅱ.①克… ②芭…… ③邹… Ⅲ.①渔业经
济-经济政策-中国 Ⅳ.①F326.40

中国国家版本馆 CIP 数据核字(2023)第 212407 号

图字-15-2023-179

出版发行	中国海洋大学出版社		
社　　址	青岛市香港东路 23 号	邮政编码	266071
出 版 人	刘文菁		
网　　址	http://pub.ouc.edu.cn		
订购电话	0532-82032573(传真)		
责任编辑	邵成军	电　　话	0532-85902533
印　　制	青岛国彩印刷股份有限公司		
版　　次	2023 年 11 月第 1 版		
印　　次	2023 年 11 月第 1 次印刷		
成品尺寸	170 mm×230 mm		
印　　张	5.5		
字　　数	85 千		
印　　数	1—1 000		
定　　价	40.00 元		

前言①
PREFACE

　　作为政府间国际组织,经济合作与发展组织旨在联合国际社会共同应对全球化带来的经济、社会和政府治理等方面的挑战,并把握全球化带来的机遇。经济合作与发展组织渔业部门关注成员国的渔业发展,同时关注包括中国(非经济合作与发展组织成员国)在内的重要渔业国家的渔业发展,努力促进国际社会就渔业管理开展广泛的交流与合作。"绿色成长"是经济合作与发展组织渔业政策的宗旨之一,为了推广其"绿色成长"理念,经济合作与发展组织制定相应的指导性政策,为国际社会制定渔业政策提供参考。

　　《鼓励政策改变:实现渔业可持续性和适用性发展》阐述了渔业政策改变对渔业可持续性和适用性发展的重要性,通过回顾过去十年渔业政策改变的经验,总结促进渔业政策改变的路径。本书可以为中国渔业政策发展提供一定的指导性作用,帮助我们梳理渔业政策发展引发的影响,从而正确评估政策发展的可行性和有效性。同时,就中国渔业发展面临的实际困难,相关部门可以参考本书所提供的促进政策改变的路径选择,结合中国渔业管理的智慧,制定出与国际接轨、兼具中国特色的渔业政策。

　　2012年,笔者受农业部委派赴经济合作与发展组织担任渔业政策分析师

---

① "前言"由本书译著者所写,原书中不包含"前言"。"前言"中的观点为译著者观点,非经济合作与发展组织或其成员国观点。

一职，同时协调中国相关部门与该组织之间的合作。虽然已经离开经济合作与发展组织多年，笔者一直关注该组织在渔业政策制定方面的最新动态，致力于将该组织的包含丰富"绿色成长"概念的渔业管理理念介绍给国内专注渔业管理研究的学者和相关政策制定部门。

本书的蓝本是经济合作与发展组织近年来发布的"可持续渔业发展"出版物之一，笔者也将在国内陆续出版基于这些出版物的系列中文译著，希冀为中国的读者开展相应的渔业政策研究、相关部门制定相应的渔业政策提供一定启示。

最后，感谢经济合作与发展组织的同事们对本书在中国的出版给予的支持；感谢多伦多大学张仲杰同学(Hugo Zhang)为本书涉及的翻译及文字审校工作所做出的辛勤努力；感谢中国农业农村部全球渔业资源调查监测评估专项及上海市高水平地方高校(上海海洋大学)建设项目对本书出版的资助。

邹磊磊

2022 年 10 月 2 日

鼓励政策改变：实现渔业可持续性和适用性发展

Claire Delpeuch & Barbara Hutniczak（经济合作与发展组织）

决策者如何成功实施政策改变以增加经济、社会和环境可持续性和适应性？本书结合了现有研究文献所总结的经验教训、与专家和利益相关者的讨论以及关于过去政策改变进程的信息，以期对上述问题进行深入研究。研究结果表明，在过去十年中，渔业政策改变主要是由渔业本身的表现和人们对渔业的看法（特别是人们对渔业在资源管理和社会经济方面的表现的看法）所触发的。除了这些，其他因素也很重要，特别是渔业管理者的倡议和进行渔业政策改变的法律义务。但是，与其他政策领域相比，宏观经济和宏观政治因素对渔业政策的影响似乎较小。本书提出了一些重要建议，以期通过更好的数据利用、义务机制、其他行业的政策经验以及各利益相关方之间的协商来促进未来的渔业政策改变。

关键词：渔业政策改变；非法、不报告和不管制的捕捞行为

致 谢
ACKNOWLEDGEMENTS

本书由 Claire Delpeuch 和 Barbara Hutniczak 共同撰写,同时由 Fabiana Cerasa 协助开展数据统计。本书也受益于巴黎第一大学(Université Paris 1 Panthéon-Sorbonne)Claude Ménard 教授的研究文献综述,目前在美洲开发银行(Inter-Amercian Development Bank)工作的 Enzo Harquet 在 OECD 实习期间也为本书的撰写提供了帮助。本书还受益于与学界和非政府组织的专家进行的一系列对话,特别是 2018 年 5 月 2 日经济合作与发展组织召开的"推动可持续性渔业改革"会议上专家的意见和建议。作者也要感谢经济合作与发展组织的同事们,包括 Julio Bacio Terracino、Pauline Bertrand、Kathleen Dominique、Guillaume Gruère、Katia Karousakis、Roger Martini、Oriana Romano 和 Franck Jesus,以及粮食及农业组织的 Amber Himes Cornell 和经济合作与发展组织的前同事 Carl-Christian Schmidt,他们对本书的撰写提出了很多有益的建议。Stéphanie Lincourt、Laëtitia Christophe、Michèle Patterson 和 Sally Hinchcliffe 为本书的出版做了大量编辑和准备工作。

目 录
CONTENTS

——— 表　录

——— 图　录

——— 文本框录

首字母缩略词和缩写词·

CBM　基于社区的管理（Community-based Management）

CFP　欧盟共同渔业政策（EU Common Fisheries Policy）

COFI　渔业委员会（Fisheries Committee）

EBM　基于生态系统的管理（Ecosystem-based Management）

EC　欧洲共同体委员会（Commission of the European Communities）

EEZ　专属经济区（Exclusive Economic Zone）

FAO　联合国粮食及农业组织（Food and Agriculture Organization of the United Nations）

FSE　渔业支持估算（Fisheries Support Estimate）

GDP　国内生产总值（Gross Domestic Product）

ICES　国际海洋勘探理事会（International Council for the Exploration of the Sea）

IEQ　个体努力配额（Individual Effort Quota）

ITQ　个体可转让配额（Individual Transferrable Quota）

IUU　非法、不报告和不管制的捕捞行为（Illegal, Unreported and Unregulated Fishing）

MPA　海洋保护区（Marine Protected Area）

NGO　非政府组织（Non-governmental Organisation）

OECD　经济合作与发展组织（Organization for Economic Cooperation and Development）

RFMO 区域渔业管理组织（Regional Fisheries Management Organisation）

SDG 可持续发展目标（Sustainable Development Goal）

SIDS 小岛屿发展中国家（Small Island Developing States）

TAC 总可捕获量（Total Allowable Catch）

UN 联合国（United Nations）

WTO 世界贸易组织（World Trade Organization）

执行摘要·

过去十年,渔业政策发生了重大改变。从这些渔业政策改变中我们可以发现,渔业更加关注资源和生态系统的可持续性发展,渔业资源管理政策也得到了广泛落实。政府对渔业的财政补助不再直接用于资助渔民,相反,这些补助更多地用于开展广泛的扶持工作,从而增强渔业的可持续性和竞争性。同时,旨在防止非法、不报告和不管制的(Illegal, Unreported and Unregulated, IUU)捕捞行为的政策和举措也发生了重大改变,从而确保与国际认可的最佳政策和举措保持一致。

然而,政府和社会日益意识到,为了更好地提高经济、社会与环境的可持续性和适应性,需进一步完善渔业管理框架——由于管理不善,海洋生态系统过度开发,气候变化影响巨大,渔业管理框架的完善已错失良机。

为了探讨渔业决策者如何更有效地实现政策改变,本书将解读现有研究文献中述及的渔业政策改变的经验和反思,分析与专家和利益相关方开展的访谈,并通过问卷调查了解2005年至2016年间渔业管理的关键政策和主要特点,总结渔业政策在这十年间发生的重大改变。在问卷调查中,被采访者就这十年间的某项渔业政策改变进行了评论,而这项政策是他们认为可以解决当时的渔业困境的,同时,他们也就政策改变进程中出现的典型性问题进行了评论。21个经济体参与了经济合作与发展组织(Organization for Economic Cooperation and Development, OECD;简称"经合组织")开展的此项问卷调查,其中19个经济体为经合组织成员国。

3

经分析上述数据和信息发现,在 2005 至 2016 年间,渔业发展与外界反馈是推动渔业政策改变的主导因素,其中,渔业资源管理的发展以及针对渔业资源管理的外界反馈带来的推动作用最大,其次是渔业对社会经济的影响。在研究过程中,我们还发现如下两个因素在近五年的时间内对推动渔业政策改变也起着重要作用:一是政府部门对渔业政策改变的积极性;二是进行渔业政策改变的法律义务(比如,法律规定的定期评估、修订立法、执行国际条约所规定的义务)。

研究还发现一些影响渔业政策改变的其他因素,比如对渔业政策改变影响收入分配的担忧,不同的渔业利益相关方的矛盾冲突以及由此引发的游说——渔业的文化重要性和对地区或地方就业的重要性使上述因素成为影响政策改变的重要因素。相对而言,宏观政治和经济因素可能对其他行业的政策改变影响较大,但对渔业政策改变的影响相对较小。

一般而言,补偿和过渡措施可以缓解政策改变所引发的收入分配问题,也可以影响对政策改变的评估。通过评估可以明确政策改变影响的程度,减少利益相关方担忧的不确定性。出人意料的是,这些措施在渔业行业中却不被重视,甚至鲜少使用。不同类别的社会经济数据的缺失会削弱补偿和过渡措施的效果,当人们仅关注整体影响评估时,却忽视了分类数据的缺失还会降低政策改变评估的相关性。本书涉及的研究将告知我们如何在政策改变进程中更好地运用这些措施。另外,如果负责地方经济发展和社会政策制定的政府部门与负责渔业管理的部门之间无法紧密合作,转型和补偿措施的实施也可能会受影响。

重要建议:

◎ 投资社会经济和生物数据的收集,改进数据收集和科学信息管理,可以更好地促进政策改变。决策者可将重点放在如下几点:

　　——收集渔业相关的分类数据,以确定在国内和跨行业之间有哪些群体最弱势和最易受当下以及将要开展的政策改变的影响;确定能产生最大效益的政策改变要素。

　　——建立具有包容性的管理机制,以鼓励科学研究,让不同政策和科学领域的权威研究机构、利益相关方和决策者在确定研究问题阶段就参与进来;同时,确保管理与融资公开透明。

——及时与利益相关方和公众分享相关的社会经济和生物数据以及科学信息,让各方都能实质性地参与渔业政策改变进程。

——对负责渔业管理的公共机构进行投资,增强其人力和技术能力,以提高其信息处理能力,更好地解决日益复杂的问题;同时,协助其把代表不同利益的利益相关方纳入渔业政策改变进程中。

◎ 最大限度地发挥约束机制的功能,启动并开展政策改变,比如,制定适应性政策——该政策具有相关的基本原理和机制,允许在渔业发展进程中自动进行政策改变。在数据匮乏或渔业受气候影响较大时,适应性政策就显得尤其有效。如果渔业资源可以维持高捕捞强度,渔获量就会上升。此时,这些进行政策改变的措施就可以推动渔业对数据收集进行投资。

◎ 通过让所有相关的政府部门采取政策解决影响渔业和沿海社区的社会经济问题,可以让政策改变更合法和可接受,而且政府部门一揽子参与的方式也是推动政策改变的最有效方法。

◎ 与利益相关方和政府各部门开展包容性、公开和透明的对话,让各方均知晓政策改变的过程,提高政策改变的合法性与可接受度,同时,避免政策改变引起不良社会影响、不公竞争及公共政策私用。

——成立具有包容性和代表性的咨询小组,使渔民、下游行业、非政府组织(Non-governmental Organization,NGO)和科学机构等在内的所有利益相关方都能通过事先制定的公开透明的政策改变进程直接参与决策过程。

——在游说政府部门的过程中,要遵循经合组织有关透明度和诚信度的重要原则,要特别确保公正、均衡的影响力,并确保在向某些利益相关方征询意见时也要考虑其他利益相关方。

——成立政府间合作小组,各级别的政府行政部门(包括地方、地区和国家级别)及负责制定其他行业政策的部门也都加入该合作小组。

——制定政策改变提议时,确保已经确认不同规范制度和文化的重要性,它们的重要性是经不同利益相关方评估后确认的。

1

引导政策推动更具可持续性和适应性的渔业

1.1 越来越普遍的共识:可持续性和适应性裨益良多

渔业对数亿人的粮食安全作出了重要贡献,在发展中的偏远沿海地区,该贡献尤其显著(Béné 等,2016[1])。捕捞、加工、运输和分销等行业价值链中的各环节为沿海地区的经济发展带来机会,让世界多数人以此为生,特别是妇女(FAO,2018[2])。海鲜食品是交易量最大的商品之一,为政府创造了大量财政收入和外汇(OECD/FAO,2018[3])。

然而,过度捕捞和破坏性捕捞行为让具有重要经济价值的鱼类种群数量急剧下降。最新的种群评估结果表明,从生物学角度来看,全球约三分之一的海洋鱼类种群存在过度捕捞的现象,而在 20 世纪 70 年代中期,这一比例约为10%(FAO,2018[2])。鱼类种群数量的急剧减少不仅使渔民的捕捞机会相应减少,还导致海洋生态系统功能受重创。

世界银行(2017[4])的评估结果表明,如果对全球渔业进行优化管理,每年可额外创造 800 亿美元的产值。非法、不报告和不管制的捕捞行为是渔业产值下挫的罪魁祸首——它减少了合法渔民可获得的渔业资源,削弱了政府可持续性管理渔业资源的能力;并且,由于政府无法征收可观的管理费和税费,财政收入也在不断下降。如果没有上述行为,全球渔业产值可能会高出 13%~31%,然而事实却是每年渔业产值下降 100 亿至 235 亿美元(Agnew 等,2009[5])。

渔业对海洋生态系统与生物多样性产生的其他影响也给社会带来额外损失，其中包括由于意外捕获而造成的海鸟、海洋哺乳动物或海龟等生物的死亡（Lewison 等，2004[6]；Wallace 等，2010[7]）；包括海床、红树林和珊瑚礁等在内的栖息地破坏（Hiddink 等，2006[8]；Coleman 和 Williams，2002[9]；Thrush 和 Dayton，2002[10]），而这些栖息地为生态系统的健康运行提供重要保证（OECD，2016[11]；OECD，2017[12]）。

另外，像石油和天然气勘探、海洋运输和陆基工业与农业等存在竞争性的行业将导致径流污染、栖息地缩减和生物多样性下降，从而对海洋生态系统造成破坏，这在人类活动密集的领海和专属经济区（Exclusive Economic Zone，EEZ）表现尤为明显（OECD，2016[11]；OECD，2017[12]）。由于全球经济发展和人口增长，粮食、能源和其他海洋经济可以提供的商品和服务产品的需求量也会随之增长，预计今后几十年海洋资源的开发将会不断加强，渔业资源开发在竞争中将势必受到影响——因为在制定海洋可持续性利用政策时必须将渔业对资源的影响考虑在内（OECD，2016[11]）。

不仅如此，气候变化还将进一步影响渔业发展。"在未来几十年，气候变化将迫使全球渔业面临严峻的十字路口"，"管理方式的选择将对渔业产生深远影响"（Gains 等，2018[13]）。[1] 气候变化预计将造成海平面上升、海水温度上升、海洋酸化、生物多样性下降和海洋生态系统功能退化，虽然我们尚未完全掌握气候变化的影响，但气候变化肯定会影响鱼类种群生产力，改变它们的洄游模式，加剧部分渔业资源的枯竭（Garcia Molinos 等，2016[14]；Lam 等，2016[15]；Gaines 等，2018[13]；Alison 等，2009[16]）。[2] 此外，如果鱼类种群因气候变化离开某国的专属经济区或某地区的渔场，可能会造成更加严重的过度捕捞，进一步加剧渔

---

[1] 越来越多的证据表明，尽可能限制气候变化需要所有经济部门采取气候变化缓解战略（IPCC，2018[108]），说明渔业的燃油效率应成为渔业管理的另一个目标（He 等，2018[107]）。之后的报告发现，"2012 年全球渔船（包括内河渔船）消耗了 5 390 万吨燃料，排放了 1.723 亿吨二氧化碳，大约占全球总排放量的 0.5%。"1990 年至 2011 年间，这些排放量增长了 28%，然而渔业产量几乎没有同步增长。

[2] 预计气候变化还将增加珊瑚白化和有害藻类暴发的发生率，对生态系统及其提供的服务产生严重影响（Barange 和 Cochrane，2018[17]）

业资源的枯竭(Gaines 等,2018[13])。

　　根据联合国粮食及农业组织(Food and Agriculture Organization of the United Nations, FAO;简称"粮农组织")发布的评估报告,与 2000 年相比,到 2050 年全球各国专属经济区的最大捕捞量将下降 3% 到 12%,甚至更多,到 2095 年可能超过 25%,当然这要根据气候变化的具体情况而定。预计南太平洋专属经济区的降幅最大,热带海域也会有普遍降幅,北大西洋的温带专属经济区也将受到负面影响(Barange 和 Cochrane,2018[17])。① 据 Gaines 和同事的研究(2018[13]),尽管受气候变化的影响,预计 2100 年的全球捕捞产量仍将高于现在,但前提是优化适应气候变化的有效措施。即使是最乐观的情况下,全球也将有约一半的个体渔业受到负面影响。因此,为了适应预期中的、但却又不确定的负面影响,必须立刻改变渔业管理模式——从单纯追求可持续性转变为追求可持续性和适应性,从而更关注渔业发展的长期趋势和面临的各种风险。②

　　政府部门和社会各界也日益意识到,要实现更大的经济、社会和环境可持续性和适应性,需改善渔业管理框架。尤其是,由于管理不善,人类对海洋资源的高度需求导致海洋生态系统被过度开采,加上气候变化,我们已经错失诸多完善渔业管理框架的良机了。越来越多的国家已经开始行动,比如采用以可持续性发展为基础的管理目标(OECD(2017)[18];第 2.1 节),或者使用可持续性认证产品,令人欣慰的是,这些认证产品在过去十年中已经获得了巨大的市场份额。③

---

① 在那些发展中区域,社会经济影响可能最为严重,因为这些区域高度依赖渔业,加上渔业资源贫瘠,它们应对气候变化的能力非常有限(Ye 和 Gutierrez,2017[99])。

② Barange 和 Cochrane(2018[17])也指出:"在应对气候变化时,必须认识到,[气候变化]往往不是渔业面临的唯一威胁或压力源,而是一系列人为和自然原因'导致'的额外的,可能是单向的,压力源和不确定性,因此在这复杂的困难背景下,必须[……]适应气候变化,而且应对气候变化的其他任何措施或行动应是对总体治理和可持续利用的补充和加强。"

③ 据报道,经认证的可持续海产品产量在 2003 年至 2015 年间每年增长 35%,比同期的全球海产品产量高 10 倍(Potts 等,2016[114])。

1.2 渔业政策改变的复杂性

尽管人们开始认识到政策改变的裨益,渔业决策者仍面临着极大的政策改变困难,从而影响渔业向更具可持续性和适应性的方向发展。困难涉及诸多因素。首先,决策者通常期望渔业政策可以满足诸多目标,而不仅限于海洋生态系统和资源的可持续性管理。目标包容万象,比如在沿海地区生产更多粮食、创造就业机会和确保收入,实现领土主权相关的战略目标(OECD,2017[19]),解决跨境冲突(OECD, 2016[11]),但这些目标通常难以在短期内与改善或维持资源的可持续性相兼容。实际上,由于重建鱼类种群、创造新的就业机会及提高收入和粮食产量的耗时过长,这些目标往往只能在中长期内才能实现(OECD,2010[20])(见文本框 1.1 中的 #8)。

重新分配资源获取机会是渔业政策改变的普遍结果,这不可避免对某些个人和社区产生负面影响,至少在短期内肯定是如此。① 对于某些社区而言,渔业在社会经济和文化方面的影响重大,这意味着,政治经济动态会更严重地影响渔业政策改变的进程。并且,收集海洋资源和生态系统数据以及观察和管控海上渔业作业都面临重重困难和高额开支,使得决策者面临的困难更加复杂(见文本框 1.1 中的 #2、#3 和 #9)。

此外,各国之间存在较高的渔业多样性,不同的资源利用之间也存在竞争,且鱼类种群和生态系统会受不同资源开发行为的影响。这意味着,渔业管理必须解决各个层面的问题,本地、国家、区域和全球层面的各个机构和部门以及负责不同决策的各个管理部门都需要参与进来合作解决问题(见文本框 1.1 中的 #1,#4,#5 和 #6)。由于上述这些问题的复杂性,渔业政策改变通常都要经历漫长及反复的过程(OECD,2017[21])。并且,围绕渔业展开的政治和公开讨论显然还不够多,完全不匹配渔业对国民经济所作出的重大贡献(OECD,2007[22])。

---

① 如果个人和公司在适应新法规的能力方面有所不同,即使是技术法规的变更,例如特定渔业中可允许渔具类型的变更,可能都意味着在实际生产中谁可以获得该渔业资源,特别是在短期内这种影响更加明显。

文本框 1.1　海洋经济和陆地经济有何区别?

区别 #1:海洋比陆地面积更广

自然的海洋生态过程、生态系统和物种均不受法律视角下的边界的限制。海上活动发生的地点将决定哪种法律制度适用于管理这种海上活动。比如,即使在一个沿海国家管辖范围内,领海、毗连区、专属经济区也均有不同的法律制度,如果考虑到其他国家在国家管辖范围外区域(国际水域)所享有的权益,那么情况将更复杂。

区别 #2:海水没有空气透明

遥感技术无法穿透到海底深处,这让我们探索和知晓水体和海底变得更困难,成本更高。海洋研究和监测的成本极高,这也是为何我们对海洋的了解远不及陆地的重要原因。

区别 #3:海洋比陆地更立体

海洋表面至海沟的最深处均有海洋生物存在;然而,就陆地而言,仅有相当少的物种(比如,有飞行能力的物种)能在陆地上空维持生命,从某种程度上来说,人类活动也是如此——这使得陆地二维地图的使用极有限,而海洋空间规划和管理则极复杂,当然,也使得海洋环境研究的开展极困难,比如针对海洋环境的运作、海洋环境受人类活动影响的途径、海洋造福社会经济和人类福利的途径等的研究(见区别 #2)。

区别 #4:海洋具有流动性和联通性

比起在陆地上,在海洋中污染物和外来物种会被洋流和船只带到更远的地方,因此在某一海域开展的活动可能会波及其他海域。

区别 #5:海洋生物的迁徙距离比陆地生物更远

由于海洋生物迁徙距离远,对海洋资源开发的管理也变得尤其困难,因为海洋生物的远距离迁徙使更多的人群可以参与海洋资源开发。

区别 #6:水体中的生物种群可以快速地从一个地方迁徙到另外一个地方

由于动物种群的快速迁徙,了解它们的迁徙路线变得相当困难,保护或管理它们的措施也必须随时间和空间变化而变化。

区别 #7:营养物和污染物可以在自然界存在几十年,直到它们随大洋环流回归

一些人类活动的影响可能会在很久之后才能显现,这给人类后代造成巨大负担。

区别 #8:相较于陆地,海洋资源缺乏所有权,海洋活动缺乏责任担当,不利于可持续性发展

通常情况下,在得到政府的许可或承认后,就可以进行海洋和海洋资源的私人使用。政府部门有权允许在沿海国管辖地区开展私人活动;国际海底管理局也可授权在国际海底区域内开展活动,但在国际水域,对私人活动的管控则很少。由于许多海洋资源具有可流动性,很难禁止未获授权的私人活动,因此相较于陆地,针对海上公共财产的管理制度较缺乏。

区别 #9:海洋不是人类居住地

海洋不是人类生活的自然环境,人类在海上的生活依赖于技术的使用和发展。因此,人类的海上活动比较鲜少,这也使得海上执法更加困难,成本更高。

1.3 为渔业政策改变创造途径

本书通过调查以往渔业政策改变的关键因素，讨论渔业决策者和利益相关方采取何种切实可行的措施推动使渔业实现可持续性和适应性的政策改变。通过重点关注短期和中期内政府和利益相关方可以影响的关键因素，本书拟订了切实可行的建议，以促进政策改变倡议的推进，推动政策改变得以实现并有效执行。但本书并不对以往渔业政策改变进行评述。

在本研究中，相关术语选择使用"政策改变"而非"改革"，是为了避免关注焦点仅限于称为改革的重大政策改变事件。改革通常在一些新政策执行后进行，这些政策经过反复斟酌和修订，最后作为具体政治进程的结果而被采纳。然而，本书涵盖了包罗万象的"政策改变事件"，包括逐步进行中的政策改变事件和结构性的政策改变事件，以及单独进行的、而非一揽子工程中的某政策改变事件。本书使用的术语"政策改变进程"指一系列政策发生改变的阶段，包括提议、制定、采纳和实施阶段，以及政策改变进程中所付出的劳动和努力，比如研究、咨询、协商和沟通。[①] 本书拟寻求"政策改变的途径"，即让政策改变进程更容易、耗时更短，并成为加速渔业向可持续性和高适应性方向过渡的途径。

本书重点关注国家相关部门对国内渔业的管理，同时认可各级渔业管理对渔业发展均有影响。渔业政策包括管理措施、渔业权、捕捞配额制度以及诸如税收和资助计划等经济手段。本书将治理作为政策改变的潜在决定因素。治理的意义包括确定如何和由谁制定、采纳和执行渔业政策，即决策过程和相应

---

① 有证据表明，政策变化过程往往在不同阶段会发生重叠，因此一个政策改变事件的实施阶段可能与下一个事件的启动阶段同时发生（OECD，2017[21]；Peñas Lado，2016[87]；Tompson，2009[24]）。政策改变进程也被认为不会遵循线性路径，因为政府和利益相关者通常会在最终实施政策改变之前来回地协商、重新制定和推翻方案。因此，在本书中被描述为多多少少遵循顺序的政策改变事件，事实上可能并不是按部就班发生的。

的制度安排。[①]

根据经合组织所开展的渔业发展不同领域的政策改变研究（Tompson，2009[24]；OECD，2010[25]；OECD，2010[26]；OECD，2007[27]；OECD，2017[28]；Gruere，Ashley 和 Cadilhon，2018[29]），本书的分析将基于三角策略（Triangulation Strategy）（Rothbauer，2008[30]），该策略结合了如下三种研究途径：

◎文献综述，包括渔业发展不同领域的政策改变的研究文献，它将为本研究提供分析框架；

◎收集和分析近十年渔业政策改变和治理发展的可比信息，以及影响政策改变进程的因素（通过由经合组织设计的问卷调查的自选回答获取上述数据）；

◎与专家和利益相关方讨论本研究最初获得的分析结果。

通过采用这一策略，本研究对不同信息来源进行反复验证，将每种途径的内在偏差尽量最小化。文献综述涵盖政策改变的政治经济学相关理论和实证文献，以及机构、决策机制和制度在政策改变进程中的作用。第 3.1 节提出的分析框架集合了本书的主要研究结果。[②]关于渔业（和其他自然资源）相关的具体改革的研究文献众多，但意外的是，政策改变途径问题却鲜少探讨。而最近有迹象表明，人们对这一领域的兴趣日益浓厚（OECD，2017[31]；World Bank，2010[32]；Gruère，Ashley 和 Cadilhon，2018[29]；Deacon，2010[33]；OECD，2017[21]），大多是通过案例分析探讨政策改变途径问题。本书通过引用多国的政策改变经验，聚焦渔业的具体环境如何使研究文献所提及的关键因素影响渔业的政策

---

① 因此，政策工具改变可能涉及采用新的投入控制措施，例如限制在海上的作业天数、确定禁渔期或禁止使用特定渔具；从基于投入的管理切换到基于产出控制的管理；获得资源捕捞许可的方式发生变化；对某些鱼类种群制定捕捞限制；建立海洋保护区；重新分配用于渔业的公共资源，从一种类型的支持转换成另一种类型的支持。管理实践的改变可能涉及以下方面：例如，建立一个负责渔业管理的新机构；基于科学证据在决策中的作用制定新的规则；对涉及不同机构和利益相关者的合作决策机制进行修改。

② 文献综述还述及经合组织渔业委员会之前发布的关于渔业政策改革的报告（OECD，2011[59]），包括审视结构调整中人的视角（OECD，2007[22]）和补贴改革（OECD，2007[27]）的报告。文献综述还述及经合组织在其他政策领域开展的相关工作，包括用比较研究的视角审视改革中的政治经济（OECD，2010[26]）、水治理报告（OECD，2011[26]；OECD，2011[93]；OECD，2016[60]；OECD，2015[92]）和生物多样性政策改革中的政治经济报告（OECD，2017[21]）。

改变和治理发展。本书涉及的研究有望丰富渔业政策改变途径的研究文献。

在开展本书涉及的研究过程中，我们对经合组织渔业委员会（OECD Fisheries Committee, COFI）的 38 个国家和经济体进行了问卷调查，通过问卷调查收集有关渔业政策改变和治理发展的数据。该问卷调查了政府在 2005 年和 2016 年执行的主要渔业政策和渔业管理的关键特征（见表 1.1）。本书以 2005 年数据为基线，因为当时经合组织为了简化各国渔业信息报告制度已经收集了类似信息（OECD，2005[34]）。

经合组织收到来自 19 个经合组织成员国和 2 个非成员国／经济体的问卷调查答复，在本书中，这些国家和经济体被统称为"调查对象"。[①]2015 年，作为调查对象的 19 个经合组织成员国的上岸渔获量价值约占经合组织成员国上岸渔获物总产值的 76%（OECD，2017[18]），并且有些调查对象的渔业在本国地位相对重要，而有些则不重要。[②]

受文献综述启发，本研究确定了问卷调查的框架结构，[③] 要求调查对象对某一政策改变事件进行评述，评述围绕"政策改变事件的背景如何影响其改变进程以及这些背景因素的重要性"开展。问卷调查还要求调查对象对政策改变的某一具体进程特点进行评论，特别是"哪些参与者参与了政策改变进程，他们是如何参与政策改变进程的（见附件 A 调查表包含的问题）"。

调查对象选择进行评论的政策改变事件包括一些重大和全面的改革，比如 2014 年欧盟共同渔业政策（EU Common Fisheries Policy, CFP）的制定，也包括一些独立的政策改变，比如 2017 年生效的关于在法国作业的渔船授权条例

---

① 参与的经合组织成员国有澳大利亚、比利时、加拿大（提交了两个政策改变事件案例）、爱沙尼亚、法国、德国、希腊、意大利、日本、韩国、拉脱维亚、立陶宛、荷兰、挪威、新西兰、斯洛文尼亚、瑞典、英国和美国。参与的非经合组织成员国和经济体有哥伦比亚等。（见附件 B）

② 为了计算经合组织成员国上岸渔获量总产值，对那些数据缺失的国家，本书根据粮农组织发布的全球上岸渔获量总产值（FAO，2017[105]）和 2015 年经合组织成员国的平均总产值（OECD，2017[18]）计算了相应的替代价格。

③ 来自三个经合组织成员国（智利、丹麦和韩国）的渔业管理部门决策者和渔业利益相关者同意接受问卷调查的试点测试，根据他们的意见和建议，问卷调查进行了进一步的修订和完善。

（Rules for Authorising Vessels）的修订，还包括一些具体的渔业改革措施。除欧盟共同渔业政策改革外，所有此次问卷调查中调查对象提及的渔业政策改变事件均列于附件 B。来自各国 / 经济体的调查对象自行选择他们进行评论的渔业政策改变事件，而不是随机选择，这意味着需谨慎对待本书的研究结果，并且要意识到这是三角策略下进行研究而获得的结果。特别要注意的是，一些已终止的政策改变，或由危机引发的政策改变，在本书中可能会被一笔带过。

另外，本研究还使用了两组经合组织的渔业政策数据集，以补充问卷调查收集的数据。这两个数据集之一为渔业支持估算数据集（Fisheries Support Estimate，FSE），[①] 该数据集用统一、透明的方式评估所有经合组织成员国和非成员国 / 经济体中重要的渔业经济体的渔业资助政策（OECD，2018[35]）；另一个是国际公认的打击非法、不报告和不管制的捕捞行为的最佳政策执行和行动数据集。[②]

对研究结果的初步分析在经合组织于 2018 年 5 月 2 日组织召开的"推动可持续性渔业改革"会议上已被提出和讨论，出席会议的人员包括经合组织渔业委员会代表，来自各国渔业管理部门的决策者，以及来自渔业、民间社会和研究机构的专家。会议结束后，经合组织还组织了与其他专家的双边讨论（见附件 C 中参与会议讨论的专家名单）。所有专家的意见反馈在本书中均有体现。

表 1.1　问卷调查涉及的渔业政策和管理重点

渔业政策	渔业管理
总可捕捞量限额制度	主要渔业管理机构
渔获量控制规定	主要渔业管理机构的其他职责
个体捕捞配额制度	科学证据对总可捕捞量的确定是否具有法律约束力？
多年度渔业管理和恢复计划	需要对多少鱼类种群进行数量评估？

---

① 由于没有 2004—2006 年间的可比数据，本书调查了 2009—2011 年间和 2014—2016 年之间支持政策的演变（均取平均值）。

② 关于国际公认的打击非法、不报告和不管制的捕捞行为的最佳政策和实践的实施情况的数据集可在经合组织出版物《缩小打击 IUU 捕捞行为的国家法规之间的差距》中找到（Hutniczak，Delpeuch 和 Leroy，2019[36]）。

渔业政策	渔业管理
基于生态系统的管理	哪些利益相关方需要加入渔业委员会？
捕捞许可证制度	渔业委员会：涉及的政策领域和干预方式
进口限制制度	渔业行政裁决的上诉程序
其他规定	渔业政策的执行机构
渔船报废计划	渔业政策的监督机构
对手工渔业渔民的特例规定	渔业数据收集和报告的机构

2

十年的渔业政策改变

本章将介绍 2005 年至 2016 年发生的渔业政策改变。根据经合组织开展的问卷调查结果以及经合组织收集的其他渔业政策的数据集（OECD，2018[35]；Hutniczak，Delpeuch 和 Leroy，2019[36]），可以发现 2005 年至 2016 年间渔业政策发生了巨大改变。尽管本章没有涵盖所有经合组织成员国的渔业政策改变，也没有涵盖所有类型的渔业政策改变，但本章将介绍这十年渔业政策改变的主要趋势：各国/经济体越来越多地使用鱼类种群管理政策工具；渔业财政补贴更多地用于广泛扶持渔业发展而非直接资助渔民；防止非法、不报告和不管制的捕捞行为的举措不断加强。

2.1 渔业资源和生态系统的可持续性受关注

经合组织开展的问卷调查发现，近年来渔业政策改变的首要特征是渔业资源和生态系统的可持续性受到日益关注，其中基于生态系统的管理（Ecosystem-based Management，EBM）受到了高度重视。2016 年，在接受问卷调查的对象中，超过 80％将基于生态系统的管理作为目标；然而，2005 年，这一数字仅约为 50％。并且，约有半数的调查对象采取了该渔业管理方式；然而，

2005 年,仅 10%的调查对象采取了此管理方式。①

同时,各个调查对象越来越多地使用鱼类种群管理工具,体现了对渔业资源和生态系统可持续性的日益关注(见图 2.1)。超过 2/3 的问卷调查对象表示,相比 2005 年,2016 年他们利用渔业管理或恢复计划开展对更多鱼类种群的管理。有半数的问卷调查对象表示,在总可捕捞量制度下鱼类种群数量得到了提高,各国/经济体总可捕捞量平均增加了 16%。约 40%的问卷调查对象认为,在渔获量控制制度下鱼类种群数量也得到了提高。

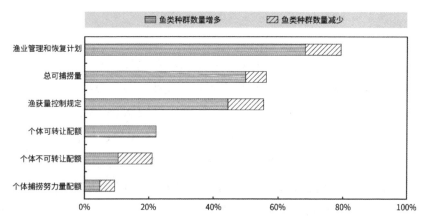

图 2.1　鱼类种群管理工具的使用(2016 年 VS 2005 年)
鱼类种群数量发生变化的调查对象比例

注:立陶宛的个体不可转让配额和捕捞海域使用权制度在 2017 年 1 月 1 日才开始执行,但 2016 年它们已被提上议程。
来源:经合组织问卷调查。

在问卷调查对象中,个体渔获量和捕捞努力量配额管理工具的使用增长较为缓和:22%的问卷调查对象表示,他们利用个体可转让配额工具开展对更多鱼类种群的管理;11%的调查对象则更多使用个体非转让配额工具;5%的调查

① 然而,对基于生态系统的管理的理解在不同国家和利益相关者之间存在差异。渔业决策者通常认为兼捕或多鱼种渔业管理是基于生态系统的管理的核心内容。另一方面,资源养护专家经常遗憾地表示,对生物多样性保护的整体关注很少被纳入渔业管理政策中。例如,许多人认为,从生物多样性保护的角度来看,捕捞限制应该比最大可持续产量目标更严格(Worm 等,2009[117])。

对象更倾向使用个体捕捞努力量配额工具。极少使用这两种管理工具的调查对象与较多使用的调查对象数量大致相当。[①]

此外，超过半数的调查对象表示他们修订了投入控制制度，超过 3/4 的调查对象修订了其他制度，包括制定新政策、扩大现有政策把更多鱼类种群纳入管理范畴，以及取消不再适用的政策等。

2.2 渔民资助减少，广泛扶持增多

近十年，渔业财政补贴制度也发生了巨大变化。政府补贴不再直接用于渔民资助，比如对渔船改造和报废的补贴；而是更多用于广泛的渔业扶持工作，比如开展港口基础设施建设，落实渔业监测、控制和监视，以及开展海员培训和渔业研究等。

经合组织渔业资助评估数据集包含 16 个问卷调查对象的信息，在这 16 个调查对象中，11 个减少了对渔民的直接资助(见图 2.2)。在这些调查对象中，2014 至 2016 年的平均直接资助还不到 2009 至 2011 年的一半，在某些情况下甚至不到 2009 年的 5%。渔船报废补贴(通过报废渔船或吊销捕捞执照以减少或调整渔船捕捞能力的补贴)下降更加明显，该补贴在 2010 年达到最高值后逐年下降(OECD，2017[18])。

同时，自 2009 年以来，约 2/3 的问卷调查对象增加了广泛的渔业扶持，而减少了对渔民的直接资助。根据经合组织渔业资助评估数据集的信息，自 2009 年开始，广泛的渔业扶持在政府渔业资助中所占比例有大幅上升。若将渔业成本回收费用计算在内，2014 至 2016 年期间，广泛的渔业扶持占总资助的 91%，在 2009 至 2011 年期间，这一数字为 82%(根据各个调查对象的同一样本数据)。

---

① 在渔业方面，设定适当的总可捕量是确保特定种群可持续性的主要政策工具(OECD，2013[81])，这在多大程度上有助于生态系统的可持续性则取决于总可捕捞量在多大程度上涵盖生态系统的物种。然而，个体可转让配额也可被视为旨在改善资源状况的种群管理工具，因为它们减少了过度资本化和"捕捞竞赛"的动机；相较于捕捞总可捕量，这种情况可能会导致更多的努力量、兼捕、生境破坏和污染。

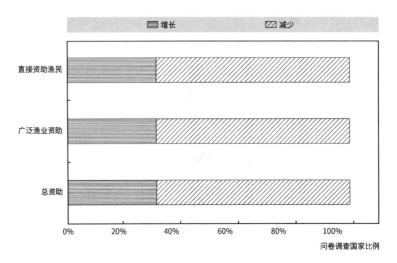

图 2.2　渔业资助的变化（ 2014—2016 年 VS 2009—2011 年 ）
渔业资助构成发生变化的调查对象比例

注：对渔民的直接资助信息来源于经合组织渔业资助评估数据集中的个体渔民资助信息，这些信息在预算目录以及广泛扶持评估目录下的渔业广泛扶持信息次目录里可以找到。如若要获取上述资助目录的详情，请参见经合组织渔业支持估算手册（OEDC, 2016[37]）。资助比例变化信息来源于 18 个问卷调查对象在 2014 至 2016 年和 2009 至 2011 年平均资助的比较。做上述比较时，数据充足。

来源：经合组织渔业资助评估数据集（OECD, 2018[35]），https://stats. oecd. org/Index. aspx?datasetcode=FISH_FSE。

2.3　防止非法、不报告和不管制的捕捞行为的政策和举措加强

在防止非法、不报告和不管制的捕捞行为的政策和举措方面，经合组织分析了自 2005 年以来国际认可的最佳政策和举措（Hutniczak, Delpeuch 和 Leroy, 2019[36]），结果表明，各国在防止非法、不报告和不管制的捕捞行为的政策和举措上都做出了实质性的改变（见图 2.3）。①

────────────

① 这项研究的结果突出了需要进一步推进最佳政策和举措的必要性。在经合组织成员国中，适用于捕捞相关活动的法规，比如转运，仍然比管理捕捞作业的法规更为宽松。本书指出，在渔业法规的执行机制方面还有改进的余地。此外，只有在全球范围内普遍采用最佳举措，才能有效地控制非法、不报告和不管制的捕捞行为，经合组织成员国和伙伴国家之间的合作也将被证明至关重要。

比如,在港口国监督方面,2016年,87%的问卷调查对象①针对涉嫌非法、不报告和不管制的捕捞行为的渔船采取了相关措施,包括禁止其进入港口或拒绝向其提供港口服务,而在2015年这一数字为40%。并且,87%的问卷调查对象指定了外国渔船可以进入的港口,而在2005年仅有27%的调查对象采取了此做法。

在船旗国监督方面,2016年,所有问卷调查对象都已经全面启动对本国／经济体渔船的登记程序,以更好地管理渔船在国家管辖水域内或国家管辖水域外的捕捞和捕捞相关行为。然而,2005年,60%的问卷调查对象要求有捕捞行为的渔船进行登记,33%的调查对象要求有捕捞相关行为的渔船进行登记。在这些调查对象中,禁止涉足非法、不报告和不管制的捕捞行为的渔船进行登记的调查对象也从40%增至83%。同时,对于已在他国注册登记的渔船,禁止其再在境内登记的调查对象也从33%增至91%。

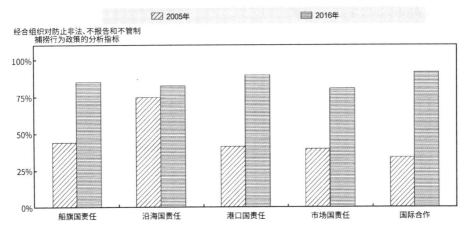

图2.3 防止非法、不报告和不管制的捕捞行为的最佳政策和措施的落实情况
（2005年 VS 2016年）

注：该政策指标基于经合组织对防止非法、不报告和不管制的捕捞行为措施调查的加权平均计算结果
来源：Hutniczak, Delpeuch 和 Leroy（2019[36]）。

---

① 本书借鉴了2017年23个调查对象反馈的问卷调查结果。在2015年,这些调查对象共占全球捕捞总产量的23%（FAO,2017[105]）,占经合组织成员国上岸渔获量总产值的85%（OECD,2017[18]）。

在沿海国管辖方面，2016年，超过3/4的问卷调查对象通过签署合作协议规范外国渔船对境内渔业资源的开发准入。然而，2005年，仅23%的调查对象采取了此做法。

对来源于非法、不报告和不管制的捕捞的渔产品关闭市场的政策也不断得到切实落实。比如，2005年，仅33%的问卷调查对象要求贸易渔产品提供多边捕捞记录和相关证书（其中，60%的调查对象做到完全落实该政策）。2016年，所有问卷调查对象均设置了该审核程序（其中，91%的调查对象做到完全落实该政策）。

此外，91%的问卷调查对象通过国际合作的方式开展渔业监测、控制和监视以及对涉嫌的非法、不报告和不管制的捕捞行为进行管制。2005年，仅有33%的调查对象采取了此种做法。2016年，96%的调查对象确定了与区域渔业管理组织（Regional Fisheries Management Organisation, RFMO）的交流通道，共同打击非法、不报告和不管制的捕捞行为。然而，2005年，仅21%的调查对象采取了此种做法。

3

了解渔业政策改变

3.1 简述渔业政策改变

学界对政策改变的概念、诱因和动因进行了广泛的研究。本书采用的分析框架特别借鉴了重要的政治经济学原理,且虑及关键利益在刺激政策改变(Laffont 和 Martimort,1999[38];Drazen,2000[39];Laffont,2005[40];Alesina 等,2006[41];Persson 和 Tabellini,2000[42])和形成不同利益相关方影响政策改变的相对能力方面所发挥的重要作用(Olson,1965[43];Swinnen,2018[44];Cingano 和 Pinotti,2013[45];Hellman,2000[46])。

本书还虑及新制度经济学研究的主要结论,关注制度的核心作用,制度下构成的规则和规范,产生的交易成本,以及为应对这些成本而采取的治理方式。所有这些因素在政策改变进程中都发挥着重要的作用(Menard 和 Shirley,2008[47];Coase,1998[48];North,1990[49];Williamson,2000[50])。

由于评估渔业资源很难开展,且实施渔业管理合作见效缓慢,导致信息不完善、信息不对称和协调不顺畅,对渔业政策和渔业管理的分析造成很大影响。(如第 1.2 节所述;Ostrom 也对此有所提及(1990[51]))。

最后,本书整合了行为经济学(Hallsworth 等,2018[52])和组织社会学(Powell 和 DiMaggio,1991[53];Khemani,2017[54])的某些经验 ——相比经济学和政治经济学分析中通常假定的观点,参与者和组织者之间的互动也取决于更现实的人类行为观。

本节简要总结本书如何将上述观点有机整合以及如何将整合的上述观点用于探索实现具有可持续性和适应性渔业政策的途径。

通常而言，政策改变旨在回应结构性挑战和特殊需求，这些挑战和需求将成为政策改变的诱因。这些诱因与其他背景因素（例如社会经济、体制和政治条件以及历史和文化规范）相互影响，从而使某些政策改变具有可行性和可接受性，而其他变化则不然。

是否提议进行政策改变，以及这些提议是否有助于政策改变的通过和实施，关键取决于以下方面：

◎ 提议的政策改变对现有挑战和需求的回应程度。

◎ 不同的渔业利益相关方以及整个社会从中获益或遭受损失的程度。

◎ 在特定的环境下，尤其是利益相关方对拟提议的政策改变的可行性和可接受度的反馈。

◎ 各方之间的互动在多大程度上对环境产生有利影响／或导致最初的政策提议被重新定义，从而使其具有可行性和可接受性——尤其是当受到利益相关方影响时。

◎ 政策改变进程中产生的交易成本——制定、提议和通过新政策的行政成本，包括与协商和谈判有关的行政成本，以及实施成本——包括用以促进弱势群体转型的补偿方案或项目需花费的成本（OECD，2016[55]；World Bank，2010[32]；Menard，2016[56]）。

同样重要的是政策改变的内生性质——即当前政策影响着政策改变的发展前景，这对决策者有重要影响（Krueger，2002[57]；Tompson，2009[24]，OECD，2010[25]；Alesina 等，2006[41]）。某些政策改变事件可能是其他政策改变的先决条件，而路径依赖性意味着政策改变进程中的事件很难被抹去，相反将产生影响深远的后果（Degnbol 等，2006[58]）。

3.2 过去十年渔业政策改变的启示

3.2.1 政策改变的关键诱因

问卷调查结果显示，过去十年政策改变的最重要诱因是人们对渔业管理的不满:据报告,问卷调查中提及的政策改变事件中,75％是始于这种不满(图3.1)①。其次,最常见的诱因包括进行渔业政策改变的法律义务、政府部门对渔业政策改变的积极性及过度捕捞现象。上述因素引发了约三分之二的政策改变事件,使得过度捕捞成为问卷调查结果中最常见的引发政策改变的因素。其他重要诱因包括人类对资源衰退、鱼类种群资源枯竭风险(占43％的政策改变事件)以及产能过剩(占33％的政策改变事件)的日益担忧。

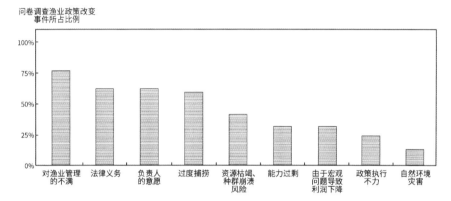

图 3.1　渔业政策改变的关键诱因

来源:经合组织问卷调查。

1)对资源管理的不满

上述层次结构表明,政策改变在很大程度上是由人们试图更好地管理渔业资源,而不是试图改善渔业经济效益所引发的。这与经济和社会观点在过往渔业管理研究中代表性不足的情况一致(OECD,2016[11])。

这并非渔业行业所独有。资源的过度利用、枯竭或枯竭风险,已被视为许多行业改革的关键诱因(OECD,2017[28];Gruère 等,2018[29])。在供应能力、生产能力和盈利能力直接或严重受到资源状况影响的行业,资源枯竭风险极大地促进了这些行业进行政策改变(OECD,2011[59];OECD,2016[60];World Bank,

---

① 如第1.3节所述,各问卷调查对象自行选择渔业政策改变事件进行评述,而非随机选择,所以对本报告的研究结果应持谨慎态度,而且必须认识到本研究是在三角策略下进行分析并得出结论。特别需要注意的是,那些被终止的政策改变或由危机引发的政策改变,在本书中可能被一笔带过。

2017[4]）。

人们如何看待渔业管理的有效性也是一个关键诱因。人们对渔业管理是否满意既取决于政策对既定目标的绩效，也取决于利益相关方基于绩效本身和其自身预期对绩效进行的评估（World Bank，2010[32]；Tompson，2009[24]；Deacon，2010[33]）。例如，据报道，出台限制或防止渔业丢弃物的政策大多是出于对环保非政府组织以及一些公众观点的回应，即渔业丢弃物的数量以及相关的食物和资源浪费是无法接受的。问题的焦点不仅在于捕捞活动中无法有效限制丢弃物，且从伦理角度来看，可接受的捕捞活动也在发生改变。

如果人们对渔业管理能否解决过度捕捞和与鱼类种群资源状况有关的其他问题的担忧继续成为今后政策改变的关键诱因，那么气候变化对海洋生态系统的影响将日益推动政策改变——这需要进行探索，从而获知如何使科学信息和科学分析通过可信的方式强调绩效问题，以此在激励和推动政策改变方面发挥更大的作用。

2）对社会经济发展的不满

相较于与资源状况有关的问题（大约占问卷调查三分之一的政策改变事件，见图 3.1），在问卷调查中很少将通货膨胀、货币汇率和燃料价格变化，或者国际贸易中断① 等宏观经济因素导致的盈利能力下降列为关键诱因。然而，由于海产品是全球贸易量最大的食品之一，我们有理由相信，这些对许多领域的政策改变产生重大影响的因素（OECD，2010[26]）也可能在未来渔业中发挥特殊的作用（Barange 和 Cochrane，2018[17]）。

半个世纪以来，全球海产品生产和贸易的地理分布以及捕捞业和水产养殖业对其作出的贡献，发生了历史性巨变。自 20 世纪 50 年代以来，发展中国家，特别是亚洲的发展中国家，在全球海产品生产和贸易中所占的份额增加了两倍多，到 2015 年约为 70%（FAO，2018[2]）。然而，在同一时期，全球海产品消费也在大幅增长，从 1960 年的人均消费约 9 千克增至 2015 年的 20 千克（FAO，2018[2]）。国际贸易和全球海产品未来消费的综合发展趋势可能会引发政策改

---

① 例如，受到区域或双边贸易协定、临时贸易禁令、新的非关税贸易壁垒或世界其他地区市场发展的影响。

变,以保持各国竞争力及市场份额。在那些渔业对本国至关重要的国家,情况更是如此,因为效益或竞争力下降会加重国家预算负担。

在面对日益剧增的不确定性和风险时,如果适应性成为除了经营成本、质量、需求和价格之外另外一个重要的比较优势,那么提升在适应性上的竞争力也可以成为渔业政策改变的诱因。无论是投资者和经营者,还是保险等服务提供商,在作出选择时,都可以将他们的资源和精力集中在其认为最具有适应性的渔业上(Flynn,2018[61])。

此外,本项目受访专家表示,由于渔民年龄增长以及渔船的更新和现代化需要资金资助,对提高渔业在吸引劳动力和投资方面竞争力的需求可能成为未来渔业政策改变的关键诱因(Nielsen 等,2018[62])。

3)义务机制和政府部门积极性

问卷调查结果还显示,政策改变的另外两个重要诱因也尤为突出:超过60%的问卷调查的政策改变事件是由政府部门的积极性和所需承担的法律义务促成的。

本项目受访专家证实,政府部门负责人在某一特定时刻可以推动政策改变,例如,他们发挥在决策者中享有的特殊影响力,他们行使说服利益相关方的权力,或是他们对政策管理的某个特定方面有个人兴趣(OECD,2007[27])。在其他政策领域,领导能力和个人政治意愿通常是促成政策改变的关键因素(OECD,2007[27];OECD,2010[25])。确定两者在特定情况下如何影响政策改变则比较难。虽然这已经超出了本书的研究范围,但对提名和遴选政府部门负责人过程中的最佳举措是否能够帮助政府部门有效促进政策改变进行研究将十分有意义。

另一方面,法律义务机制是可以受决策者直接影响的政策改变诱因,因此也将其纳入本书的考量中。法律义务机制可能产生于国内立法,例如,国内立法明确规定必须在一段特定时间后对政策进行重新评估、修订或替换,或产生于国际或区域性的条约、协定和实践标准的采纳。

3.2.2 政策改变进程的影响因素

1）社会经济和文化背景对政策改变进程的影响

对过去十年政策改变的背景（图 3.2）以及受访者对其重要性的理解（图 3.3）所进行的研究表明，渔业政策改变主要与渔业有关。虽然这听起来理所当然，但有意思的是，调查对象往往强调渔业在文化层面及区域或地方就业层面上都具有重要意义。最近的一份报告也强调渔业对区域或地方就业的重要性是北欧国家进行与引入个体可转让配额（Individual Effort Quota，ITQ）制度相关的政策改变的关键因素（Host 和 Christiansen，2018[63]）。

不同于其他政策领域的做法，渔业政策改变进程似乎不受宏观经济趋势的影响，更不受宏观政治进程的影响。特别是调查对象并不看重政府执政时间、政府政治倾向、是否获得议会中的多数席位、政治体系的性质以及国家元首是否在选举中获得支持等因素（OECD，2010[26]；Gruère 等，2018[29]）。

政府是否有权实施政策改变似乎是具有重要影响的唯一宏观政治因素，在问卷调查的政策改变事件中，大约 60% 都是如此。本项目受访专家提出，尽管执政党多数会变动，但建立跨党派联盟以获得适用于历届政府实施政策改变的政治权力，有助于以长期渔业重建的眼光，通过协调政治周期（通常是短期的）来加速政策改变进程。

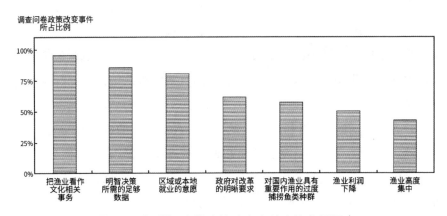

图 3.2　问卷调查的政策改变事件中的背景因素

来源：经合组织问卷调查。

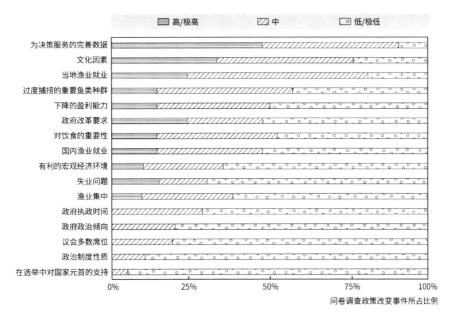

图 3.3　问卷调查的政策改变事件中背景因素的重要性

注：各因素按重要性的加权平均值排序，权重如下：5 表示"极高"，4 表示"高"，3 表示"中"，2 表示"低"，1 表示"极低"。

　　专家还指出，政策改变会对收入分配产生负面影响，或仅仅是有可能对收入分配构成威胁，而渔业政策改变与文化和地区社会经济背景密切相关也成为政府难以实施政策改变的主要原因之一（OECD，2007[22]）。当利益相关方发现，在历史上或在其他国家存在类似的政策改变，导致了重大的非预期调整并影响收入分配，他们则很有可能因为担忧本国受到社会经济影响，从而抵制政策改变（Tompson，2009[24]）。

　　由于渔民需要专业技能，某些沿海地区又缺乏替代性就业机会，而且沿海地区的渔民更不愿意为了寻找工作而搬迁，渔业工作流动性相对较低，收入分配则成为人们尤为关注的焦点。捕捞活动的作业条件特殊，包括受季节性限制和基于捕捞份额的支付制度等特点，有时意味着渔民无法及时获得足够的失业保障或其他社会福利（OECD，2007[22]），这将对以渔业为生的社区的灵活性和适应性产生连锁反应。

然而，在经合组织成员国中，几乎没有证据表明渔业和社区的适应性总体上低于整体经济水平。正如 Nielsen 及其同事所指出（2018[62]）的，"许多调查渔民收入的研究都集中在特定地区的少数社区，或［……］把当地社区认同为对渔业高度依赖的社区。"通过采用不同的方法，并全面研究 4 个北欧国家渔业的收入水平，将其与其他行业进行比较，研究者们对之前所定义的"贫困渔民"的迷思提出了质疑。他们发现："丹麦、冰岛、挪威和瑞典的渔民收入水平相对较好，只有瑞典渔民的平均收入水平低于国民平均收入。"在渔船队内部，存在很大的差异：沿海渔船的船主往往收入最低，通常也低于船员；大型渔船的船主和船员往往收入更高；在较大的捕捞国，如冰岛和挪威，渔民的收入尤其可观。虽然这些研究结果仅针对北欧地区，但与欧盟其他地区的研究结果一致（DG MARE，2011[64]）。①

对个体渔民或渔业公司竞争力下降的预期也会导致对政策改变的抵制。政策改变确实可以通过减少捕捞可能性，增加对新型捕捞方式的投资需求，或废除在相同或类似渔业中作业的其他渔民所无法享受的资助，使某些渔民的捕捞成本提高，从而降低渔业的竞争力。

此外，一个国家的渔业政策的效果也取决于其他社区、地区或国家的政策。若通过减少对资源和生态系统产生的压力而获得的长期利益，是以增加渔民短期负担为代价的，那么渔民将难以接受政策改变。这种担忧在管理和执法能力不同的国家／经济体交界的水域中尤其严重。这也解释了为何跨界渔业往往比单个国家／经济体水域内的渔业状况更差（Song 等，2017[65]）。因此，第 4.2 节将研究如何利用国际和区域义务机制创建一个促进政策改变的公平竞争环境。

2）利益相关方之间的相互作用对政策改变进程的影响

问卷调查结果表明，在引发政策改变的过程中，利益相关方进行了广泛的

---

① 对于发展中国家和新兴国家，尤其是小岛屿发展中国家（Small Island Developing States，SIDS）而言，偏远沿海地区的渔业社区的适应力不强，缺乏社会安全网络，粮食安全和收入来源高度依赖水产品（Vannuccini 等，2018 [116]；Kalikoski 等，2018 [110]）。在土地资源稀缺的情况下，这些国家的渔民们迫不得已才从事渔业工作。在无法去市场采购的情况下，渔业甚至成了维持温饱的生计活动（Bénéetal 等，2016[1]）。

协商和沟通(图 3.4),在促进政策改变方面发挥了重要作用(图 3.5)。渔业利益相关方的相互作用以及他们的游说活动,也是政策改变的重要决定因素。

鉴于在大多数经合组织成员国中,渔业在国内生产总值(Gross Domestic Product, GDP)和就业中所占的份额很小(鲜少有超过 GDP 的 1%)且处于不断减少的趋势,由此渔业利益相关方在反对政策改变方面仅拥有有限的话语权也就不足为奇了。①

然而,在 65% 的问卷调查的政策改变事件中,渔业的游说活动影响了政策改变;在大约四分之一的事件中,对政策改变进程产生了显著或重要的影响;在大约一半的事件中产生中等重要的影响。

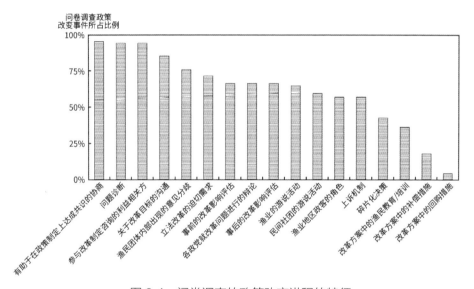

图 3.4　问卷调查的政策改变进程的特征

来源:经合组织问卷调查。

---

① 在少数国家,尤其是在非经合组织成员国中,渔业在国内生产总值、就业和作为保底的工作以及不易替代的重要营养物质的来源等国家层面上发挥着更为重要的作用,对最贫穷的社区而言(Kawarazuka 和 C, 2011[111])更是如此。在这种情况下,影响改革途径的渔业集体行动的动力和游说能力可能会有所不同。

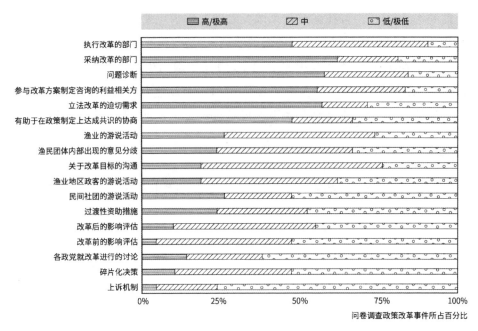

图 3.5　造成政策改变事件的各种因素的重要性的反馈

注：各因素按重要性的加权平均值排序，权重如下：5 表示"极高"，4 表示"高"，3 表示"中"，2 表示"低"，
1 表示"极低"。

来源：经合组织问卷调查。

实际上，渔民和渔业可以成为一个强大的利益集团，且具有影响政策改变的强大力量，原因有很多（OECD,2007[22]）。根据集体行动理论（Olson,1965[43]），公共渔业政策的直接受益者往往只是一小部分人口，这意味着相对于渔业的经济重要性而言，他们为捍卫自身利益而组织起来的能力很有可能远强于规模更大的团体。① 渔民通常从属于地域性集中且联系紧密的社区，他们重视内部团结和公平，从而加强了他们在引发或阻碍改革时进行游说的能力（OECD,2007[22]）。

例如，在本研究的文献综述中没有任何实证证据表明，相较于水资源或土地资源使用者，渔民具有特别强的凝聚力。但参与问卷调查的决策者证实，工

---

① 由于渔业的规模相对较小，渔业政策的总成本往往小于其他行业，不足以成为纳税人的主要关注
点。因此，即使有必要进行改革，也不会引起公众对改革延迟的担忧。

业化渔业渔民历来组织性良好,并且与决策者关系密切。

在许多国家,捕捞及下游行业可以作为地方经济的引擎,是主要且不易被替代的收入来源方式,所以也可以从地域视角更好地理解渔业的政治重要性。在问卷调查中,81%的政策改变事件都发生在以捕捞及下游行业作为区域或地方主要就业机会的渔业地区(图3.2)。

无论是在渔业社区中,还是在一般公众中,对捕捞活动和渔民的地位及作用的认识都涉及文化层面的因素,这可能会加强渔业问题的政治重要性,并增强人们对渔业政策改变的敏感度。在 95%的问卷调查的政策改变事件中,渔业在国家或地方层面所具有的重要文化意义被得到认可(图3.2)。在渔业对社会经济进程起到重要作用的国家和地区,渔民的工作通常被视为具有高要求、高风险的特点。这份工作不仅涉及自然因素的风险,也决定了每个渔民的福祉,而渔民也在努力为区域或地方的价值认同贡献一份力量(OECD,2007[22])。

渔业的社会经济和文化重要性会引发决策者的重大政治关切,特别是那些来自渔业地区拥有选举权的决策者。因此,这些地区的议员在制定和采纳渔业政策改变时,有时不遵循其政党的立场,而是按照渔业利益相关方的意见行事①。与渔业相关的政治联盟可能不同于其他政策领域的联盟。超过一半的问卷调查对象认为,渔业地区的政治家们对政策改变进行了干预并产生了影响(图 3.4)。

其他行业的利益相关方也会影响到渔民。据问卷调查对象称,环保非政府组织的游说活动对约 60%的问卷调查的政策改变的制定产生了影响(图3.4),并对其中约 26%的政策改变产生了显著或重要的影响(图3.5)。

正如 Degnbol 及其同事所述(2006[58]),人们通常认为,由于近年来环保非政府组织的影响力会有所增强,其影响相对较新。渔民代表甚至担忧,环保非政府组织的游说活动已经超出了合法范围(Giron,2012[66])。然而,没有证据表

---

① 应当关注负责预审立法的议会委员会的构成,其作出的决策可能会影响更广泛的立法议会的决定,从而确保在来自渔业地区具有选举权并对根本问题了如指掌的议员和其既得利益不受渔业各方短期满意度影响的议员之间保持平衡。

明人们对与海洋生态系统有关的环境问题的日益关注(如经认证的海产品在全球消费中所占份额不断上升)会转化为更多的环保非政府组织对诸如保护生物多样性和海洋生态系统等问题的游说活动。第4.4节将研究如何制定利益相关方的协商框架,从而在确保平衡不同利益相关方影响力的同时,完善且简化政策改变进程。

问卷调查结果还表明,可能会在社会经济方面影响政策改变的因素(如采取过渡措施)以及可能有助于利益相关方了解情况的因素(如进行影响估计)出现频率较低,也不太受到重视。鉴于本书强调人们对政策改变中涉及的社会经济影响的关注,这一结果令人出乎意料,并且说明我们仍有空间可以更好地利用这些因素来改善当下状况。第4.1节将探讨未来政策改变中涉及的这一重要问题。

3.2.3 促进政策改变的实用建议

上述问卷调查的主要结果表明,有四种主要途径可促进政策改变,以实现更具可持续性和适应性的渔业,下一节将对此进行研究。四种主要途径如下:

◎ 投资数据,改善对数据收集和科学证据获取的管理,以更好地推动、优先开展以及制定政策改变;

◎ 更好地利用义务机制,以促进政策改变;

◎ 动员所有的相关政府部门共同参与对影响沿海渔业社区的社会经济问题的解决,使政策改变更具合法性和可接受性;

◎ 在整个政策改变进程中,鼓励与利益相关方以及政府各部门进行包容、公开和透明的对话。

"铤而走险":鼓励渔业政策改变，实现渔业可持续性和适应性发展

4.1 收集科学信息并进行科学分析

4.1.1 了解所有选择的风险和裨益

渔业的发展及其评估方式在政策改变进程中的核心作用表明,科学信息和科学分析应该在推动和发起渔业政策改变方面发挥关键作用。问卷调查对象将决策所需的完善数据列为影响政策改变的第二重要因素,也有力地论证了上述观点(图 3.2)。这也与其他政策领域的经验教训以及向公众提供信息的权威研究机构的调查结果一致,即通过去政治化的方式讨论资源状况或行业发展可以促进政策改变的进程(Tompson,2009[24])。

通过描述渔业状况及其赖以生存的资源和生态系统状况,科学信息和科学分析的确可以在推动政策改变方面发挥关键作用。研究还表明,缺乏对风险的了解是阻碍政策变得更具适应性的主要原因之一(Flynn,2018[61])。因此,需要利用科学信息预测气候变化导致的风险,并让人们意识到这些风险,从而在发起政策改变时能发挥关键作用。

由于渔业为社会创造了多样化的社会经济效益但又面临各种各样的挑战和风险,因此对某些地区的渔业而言,政策改变比其他地区更为迫切,或者说更被寄予厚望。在公共资源和政策改变的空间都十分有限的情况下,科学信息和科学分析有助于确定最需要资金、管理及合作投入以及在可持续性和适应性方

面可以产生最大效益的渔业及其中的渔船队和渔业社区；反之，这又有助于更快地实现渔业的可持续性和适应性。

例如，国际海洋勘探理事会（International Council for the Exploration of the Sea, ICES）（2017[67]）在研究触底式捕捞对海床的影响时发现，无论从重量还是价值上看，这种捕捞方式的渔获物在地理概念上都集中于其定义的"核心"渔场。这意味着，"与减少核心渔场的捕捞活动相比，减少外围渔场的捕捞活动，可以从总体上减少捕捞活动对海床的影响，达到小幅减少渔获量但大幅减轻渔业活动对环境的压力的目的"。Gaines 及其同事（2018[13]）在研究政策改变以适应气候变化的必要性时发现，大部分全球性潜在的经济收益或损失最小化取决于预期的气候变化情况。只要针对被过度捕捞的大型鱼类种群，便能通过改善对不到全球 10% 的这类鱼类种群的管理来实现获益和减损。这项研究强调了细化数据的重要性，使决策者能够确定政策改变的需求，并制定适合特定情况的解决方案。

最后，对改革产生的影响进行事前评估在指导制定政策改变和说服人们相信不同政策改变的潜在裨益方面也发挥着关键作用。本项目受访专家特别强调，对维持现状和修订或制定新的政策所产生的效果分别进行预测和比较，是推动和发起政策改变的关键途径①。例如，印度尼西亚政府与研究人员密切合作，对拟议的政策改变进行影响评估。这些政策改变涉及更改其船队进入其专属经济区的条件，以及通过严苛的管控措施来限制非法、不报告和不管制的捕捞活动。渔业管理的政府部门负责人利用评估结果来解释政策改变，这一举措获得了渔业行业的支持（OECD, 2017[19]）。事实上，影响评估已成为对许多决策者的法律要求。例如，欧盟委员会在 2002 年 5 月引入了一个内部系统，对其主要政策提案进行综合影响评估（Commission of the European Communities, 2002[68]）。

问卷调查结果显示，人们对政策改变进程的影响评估的重视程度相对较低

---

① 无论是成功还是失败的结构性改革的事件都表明，对不作为（即不重新定义政策目标且维持现状）产生的后果进行评估和沟通，是吸引人们支持改革目标的重要原因（Tompson, 2009[24]）。

（图 3.5），这表明未来需要在该领域给予更多关注和投资。然而，这也是一项需要在正确的时间节点开展的艰巨任务（OECD，2007[27]）。

通过以下方法可以评估政策改变可能带来的成本和收益：使用生产力的收益（或损失）、对就业的影响及基于预测的最终支持规模等方法；研究预期政策改变可能产生的效益、相关性、可接受度及附加值等方法。评估政策改变需要收集大量信息并就关键的行业变量对预期政策改变的应对进行假设。分析越详细，对收集的信息要求就越高。而且非常重要的是，一定要确保影响评估不只是关注平均效果。事实上，即使预期政策改变会带来整体经济利益，如果不考虑其对某些群体的不利影响，其合法性也会受到质疑，其可接受性也会降低。过去改革所产生的意料之外的冲击对政策改变的过程产生了重要影响，激发了进一步改革的需求和意愿，有时甚至出现目标和政策工具截然不同的情况（OECD，2015[69]；Hutniczak，2014[70]）。因此，根据本项目受访专家们给出的咨询意见，应进行分类影响评估，认可收入分配效应，在接受当前损失以获得更大长远收益方面保持透明，并明确所设定的评估影响的进度表，从而避免在尚未给所有人带来直接利益的情况下推卸责任。

目前普遍缺乏不同规模渔业的社会经济状况及其与其他行业关系的科学信息。部分原因是历史上仅强调与海洋环境相关的生物物理进程，而非经济和社会进程（OECD，2016[11]）。这也解释了为何 1）只有三分之二的问卷调查的政策改变进程评估了改革带来的社会经济影响（图 3.4）；2）社会经济影响的评估往往只关注整个社会的成本效益分析和总体变化，而不提供信息说明如何产生分配效益（Nielsen 等，2018[62]）。

此外，缺乏确凿的科学证据会削弱其对渔业政策改变的支撑作用；同时，要求决策者在获得足够的信息之前采取更多的预防措施，这对决策者来说具有极大的挑战性。这个问题在收集信息能力薄弱的国家尤为突出，这些国家可能难以准确预测鱼类种群的分布时间、地点以及方式（Gaines 等，2018[13]）。究其原因，与鱼类种群和渔业之间的相互依存关系、它们所处的生物生态系统的复杂性，以及收集信息的难度和成本有关。人们对不同的海洋用途及海洋使用者之间的互动所带来的影响知之甚少，关于海洋资源的数据也很零散，部分原因是历史上对海洋活动的监管由渔业主导（OECD，2016[11]）。然而，关于海洋生态系统的经济价值及其提供的服务等信息日益增多，可以为更有效的决策过程提供有益的参考（OECD，2017[12]）。

因此，人们面临的挑战是将资源状况的不确定性转化为预防性政策改变的根本原因，而非推迟改变的理由①。由于鱼类种群资源的不确定性日益受到气候变化影响的不确定性牵连，目前的政策模式可能需要从可持续性目标（经济、社会和环境层面）转变为具有长期适应性的目标（Gaines等，2018[13]）。

4.1.2　改进信息收集和使用的方式

在科学信息和科学分析可以发挥关键作用，但前者仍不完整，后者尚不确定的情况下，收集和分享科学信息及科学分析有助于其以可信的方式促进政策改变。

首先，在收集跨区域、跨国家、跨时期的可比较的渔业社会经济数据以及制定社会经济发展指标方面增加投入，将有助于更深入细致地了解所涉问题，并确定国家和行业内最容易受到风险和政策改变影响的群体。

其次，虑及不同的信息和数据来源，包括渔民的文化水平，有助于增进对渔业状况的了解，在科学能力匮乏的国家这点尤其表现明显。这也使渔业状况评估对从业人员和利益相关方来说更容易接受且具合法性（Fischer等，2015[71]）。

再次，建议在决策方法和融资方面保持透明，以避免战略性地利用有偏见的科学专业知识来影响决策，例如，在能源政策中的环境法规方面已经出现了这种情况（OECD，2017[72]）。为鼓励决策者更彻底地审查信息并提高信息在利益相关方之间和整个社会中的合法性，应当要求用于决策的信息基础具有透明度，并适当增加外部审查（De Fine Licht等，2014[73]）。事实证明，提高信息在社会中的合法性尤为重要，因为信息灵通的公民会更积极地参与社区活动，也更有可能对能够带来一定公共效益的公共政策选择产生影响（Khemani，2017[54]）。

---

① 这在很大程度上反映了气候变化带来的挑战。

　　此外，由于提出研究问题和获取信息的方式也会影响信息收集和结论推导，因此，为进行科学分析建立包容、透明的流程亦很重要，可以通过促进决策者、不同利益相关方和科学家之间的定期对话来实现[①]。鉴于人类"倾向于根据自身的现有观点寻找或解释信息"（Hallsworth 及其同事（2018[52]）将其称为"确认偏差"）的特性，建立对话机制尤为重要。

　　更重要的是，当政策改变旨在解决一系列问题时，就需要了解渔业所有的相关背景知识，包括经济、社会、环境和文化知识。然而，政府部门负责人往往要求就非常具体的问题提供具体的建议。Degnbol 等人的研究（2006[58]）说明，从零散的专业建议产生的"狭窄视野"是如何导致一些旨在解决特定背景下的具体问题的政策被作为渔业管理的普遍解决方案而加以应用的。他们以个体可转让配额、海洋保护区（Marine Protected Areas，MPAs）和基于社区的管理（Community-based Management，CBM）政策为例证明了他们的这一结论。上述政策都能在特定情况下非常有效地解决某些问题，但如果将其作为易于实施的普遍解决方案，则会转移人们对所有可选政策的注意力。

　　为了避免"狭窄视野"，他们建议从整体上整合知识，开展明确的协调工作，组建专业知识背景多样化的科研团队，并克服"由跨学科的学科语言、理论框架和世界观的差异，包括构成有效科学方法和过程的要素，产生的理解障碍[……]"（Degnbol 等，2006[58]）。在这个方面，向决策者传达科学信息并提供政策建议的组织，特别是像粮农组织、经合组织和世界银行等国际组织，可以发挥特别作用。令人欣慰的是，重点关注渔业的组织正将其专业领域扩大到自然科学以外，囊括了经济学和社会科学，并成立了专门的研究小组，比如国际海洋勘探理事会就是一个很好的例子，它是一个发展科学并提供建议以支持海洋可持续性利用的国际组织。

---

① 新西兰于 2014 年发起了一项有趣的倡议，即"好奇大脑"项目，以鼓励所有新西兰人参与到科学技术活动中。该项目包括提供一个参与式科学平台，公众可以在该平台分享其认为与当地最相关的科学研究领域（Curious Minds，2018[118]）。

4.2　通过义务机制促进政策改变

人们对挑战的认知（得益于高质量的数据和科学分析）以及应对挑战的能力并不会自发引发政策改变。局势的紧迫性和复杂性会阻碍政策改变的发起，成为阻碍政策改变的原因之一（Degnbol 等，2006[58]），尤其是在已预期到政策改变会在其可接受性等方面受到阻力的情况下。在整个改变过程中，不同利益相关方也可能会提出反对意见，最终导致政策改变中止。

然而，问卷调查结果显示，义务机制是近三分之二的问卷调查的政策改变事件的一个关键诱因，表明义务机制可以成为未来克服政府部门懒政的有力工具（图 3.1）[①]。

4.2.1　鼓励不断进行政策改变，以适应不断变化的环境

义务机制可产生于国内立法，例如，国内立法明确规定必须在一段特定时间后，或在特殊情况下，由政府、立法议会、独立委员会或审计员对某项政策进行重新评估、修订或替换。义务机制有时也源自惯例，而非法律义务。例如在美国，对主要的渔业管理政策进行定期审查和替换已成为一种历史惯例。相比由惯例产生的义务机制，法律义务机制的优势在于原则上承诺性更强，无须尽力说服利益相关方和决策者进行政策改变，也降低了相关交易成本（将在第4.4 节中讨论），从而产生更大的效益。

最后，尽管人们非常关注为应对危机而发起的政策改变（Drazen，2000[39]；Alesina 等，2006[41]；OECD，2017[21]），但人们都已意识到，政策改变，尤其是渐进的改变过程，也需要在正常的政治环境和有利的社会经济背景下进行（Tompson，2009[24]）。在渔业中尤为如此：问卷调查结果显示，只有一半的政策改变事件是在盈利能力下降的情况下发生的，而在重要鱼类种群遭受过度捕捞的情况下，这一比例略高（57%）（图 3.2）[②]。在有利的社会经济背景下，转型成本和对补偿措施的需求较低，进行政策改变可以促进改革进程。例如，由于

---

①　实际上，义务机制可以发挥更大的作用，因为该问卷调查只涉及法律义务，但惯例也会产生义务，下文将进一步解释。

②　问卷调查结果与观察到的海洋政策改变并非完全一致。观察到的海洋政策改变似乎受到危机的高度驱动，是决策者积极寻找参与政策改变的机遇之窗（Gruere 等，2018[29]）。

渔获物价格上涨、重要鱼类种群资源状况改善、燃料成本降低和宏观经济环境普遍趋好等原因，德国渔船队的盈利能力在2008年全球宏观经济危机之后有所提高。对渔业有利的社会经济形势缓解了与2013年欧盟共同渔业政策（第1380/2013号条例（欧盟））相关的改革进程。

义务机制有助于在决策过程中纳入科学建议。虽然问卷调查对象报告，数据普遍可用（86%的问卷调查的政策改变事件均如此报告，见图3.2），但他们也质疑在政策改变进程中应用这些数据的程度和方式。例如，本项目受访专家强调，在许多国家，只有当决策者承诺遵守规则时，设置总可捕捞量的科学建议才能转化为决策。

适应性政策建立在灵活性基础上，为应对可能演变的渔业形势，它与相关机制相联系自动进行政策改变。专家认为适应性政策的前景喜人，因为它可以通过履行法律义务确保科学证据用于促进和制定政策改变。适应性政策包括适应性管理（Walters，2007[74]）、阶段性战略实施以及退出机制（在采取的措施无法有效实现目标时）。

在科学信息需求较少的小规模渔业，或在更容易接受某项政策的某些国家或地区的渔业，可以开展试点项目，并承诺在其产生积极影响的情况下扩大试点规模，将有助于加速最佳渔业政策和举措的采用。

适应性管理采用循序渐进的方式，包括监测渔业状况和效益，并承诺根据各方反馈来调整政策，因此它需要更频繁地收集数据并进行影响评估，这增加了额外成本。但通过持续监测得到的鱼类种群资源改善的信息有望可以增加捕捞量，也激励渔业通过财政投入或直接参与数据收集来解决额外费用的问题。

此外，在现有信息不完善、未来趋势不明朗和缺乏确凿的科学结论的情况下，适应性管理对渔业尤其重要①。不可否认的是，如果政策制定可以随着更丰

① 在气候变化的背景下，适应性管理更有必要。举例来说，如果社区或国家共享鱼类种群资源，那么其资源状况和本土化的意外变化可能导致海洋保护区边界的重新划定，甚至对某个海洋保护区目标产生怀疑，或是对负责管理鱼类种群的政府部门进行调整（Gaines等，2018[13]）。科学证据也表明，对某个鱼类种群能够持续应对渔获压力的估计往往是错误的。

富的数据和更可靠的信息进行调整，那么预防性政策（Hilborn,2001[75]）可能会更容易为人们所接受。

另一方面，应谨慎制定政策改变进程中的协商与合作框架，以便在不损害实现可持续性和适应性这一主要目标的前提下，为灵活性留出空间，避免其成为借口以推翻最有发言权的利益相关方已做出的决策（将在下文展开讨论）[①]。

4.2.2 采用国际和区域性法律义务

义务机制也可以源自国际或区域性条约、协定或实践标准。例如，粮农组织发现，《关于预防、制止和消除非法、不报告和不管制的捕捞的港口国措施协定》（Agreement on Port State Measures to Prevent, Deter and Eliminate Illegal, Unreported and Unregulated Fishing）的通过促成了实质性的政策改变。尤其在发展中国家，该协定的通过同时还为政策实施提供了资金支持（FAO,2015[76]; Hutniczak 等,2019[36]）。区域渔业管理组织日益成为履行此类义务的主要平台[②]——在现有制度不符合标准和参与程度的情况下，这将引发政策改变[③]。

国际和区域性条约、协定或实践标准均可促使某些国家改变政策，从而为各国创造公平竞争的环境，消除其对竞争力影响的担忧（见第3.2节）。从这个角度看，在世界贸易组织（World Trade Organization, WTO）和日益增多的区域性贸易协定框架下进行渔业补贴多边谈判，以及将禁止有害补贴纳入2015年联合国通过的《2030年可持续发展议程》（2030 Agenda for Sustainable Development of the United Nations）中的"可持续发展目标14"（Sustainable Development Goal 14, SDG14），对于各国就避免哪些政策方面达成共识起到至关重要的作用。"可持续发展目标14"还呼吁各国以科学为基础对捕捞活动进行有效监管，并要求各国在2020年前停止过度捕捞和非法、不报告和不管制的

---

① 在问卷调查的政策改变事件中，超过三分之二的事件需要作出法律裁决（图3.4）。

② 自2000年以来，新设立了五个区域渔业管理组织，从而分别在北太平洋、南太平洋、西太平洋和中太平洋、东南大西洋和南印度洋建立了义务机制：北太平洋渔业委员会于2015年成立；南太平洋区域渔业管理组织和南印度洋渔业协议于2012年通过；中西太平洋渔业委员会于2004年成立；东南大西洋渔业组织于2003年成立。

③ 此类政策改变详见：http://www.fao.org/port-state-measures/background/certiminals/en/以及美国国家海洋和大气管理局渔业部（2017[119]）。

捕捞活动(OECD,2017[19])①。

　　然而,国际和区域性条约、协议或实践标准的通过和实施本身就是一个缓慢的过程,特别是当要涉及国际谈判时,因为国际谈判是一个外交过程,在这个过程中注入科学信息并让利益相关方参与并非易事(Wright等,2018[77])。此外,国际和区域性条约、协定或实践标准根据其法律特征、现有的执行机制和制裁制度以及外界对该制度合法性和可信度的反馈,规定了不同层级的义务②。例如,区域渔业管理组织对成员国的履约状况采取不同的审查程序和不同的制裁制度,可能会导致成员国遵守该组织制定的养护和管理措施的程度不同。因此,区域渔业管理组织在鼓励各国进行必要的政策改变方面效果不一(Hutniczak等,2019[78])。

　　尽管超出了本书的研究范围,但仍有必要深入调查一些义务机制在过去引发政策改变的原因和途径,并研究另一些义务机制收效甚微的原因,从而确定利用国际和区域性义务机制来鼓励渔业政策改变的最佳举措。例如,可以遵循Barrett和Stavins(2003[79])提出的关于参与和遵守国际气候变化相关协议的工作思路进行进一步探索。

4.3　制定可接受的政策改变

4.3.1　动员所有政府部门积极参与,以实现渔业政策改变的多重目标

　　为顾及社会关注,缓解对渔业政策改变的抵制(如第1.2节所述),政府部门制定的渔业政策目标往往包罗万象,涵盖渔业可持续性发展(如资源丰度下

---

① 截至2018年11月,一些国家还将在联合国就一项具有法律约束力的国际文书进行谈判,以保护和可持续利用国家管辖范围以外区域的海洋生物多样性,该文书将讨论公海捕捞的相关规定(Wright等,2018[77])。

② "可持续发展目标14"所列出的目标已是现有国际义务的一大部分,但它也尚未推动广泛的政策改变,说明建立有效义务机制面临重重困难。与1993年12月生效的联合国《生物多样性公约》相关的"爱知生物多样性目标"(Aichi Biodiversity Targets,通常简称"爱知目标")已具体涉及渔业管理。其中"爱知生物多样性目标3"提及导致产能过剩和过度捕捞的补贴,该目标旨在到2020年淘汰、逐步取消或改革不利于生物多样性的激励措施。"爱知生物多样性目标6"特别提出,到2020年,人类应采取可持续的、合法的和基于生态系统的方法对所有鱼类和无脊椎动物种群进行管理及捕捞。

降或经济效益减少)和更广泛的社会经济问题(如提供更多粮食、创造就业机会以及增加沿海地区收入))(World Bank,2010[32])①。

在目标互补且互不冲突的情况下,制订针对多个目标的全面改革计划可以保证一揽子政策的平衡性,整合政策工具可以相互抵消因改革的某些方面给弱势群体带来的不利影响。例如,在改善渔业管理的同时打击非法、不报告和不管制的捕捞行为,可以通过释放非法捕捞的渔获物来增加合法捕捞的可捕捞资源量,从而为采取提高渔业可持续性的限制性政策对合法渔民进行补偿(Cabral等,2018[80])。反之,在尚未能确保国内渔业管理可持续的情况下打击非法、不报告和不管制的捕捞行为,可能会在总体资源可持续性利用方面取得差强人意的效果(OECD,2017[19])。因此,围绕一揽子政策工具制定全面的政策改变,可以提高其促进可持续性的能力,并减少对其的反对意见(OECD,2007[27])。

另一方面,为实现多重目标而制定政策改变的一个关键问题是,并非所有目标在短期内都是一致的。例如,打造一定规模的渔船队和创造相关就业机会的政策工具很难对过度捕捞的鱼类资源的重建起到促进作用。资源获取或支持机制的改变对某些利益相关方造成的不利后果确实是不可避免的(OECD,2007[22];OECD,2007[27])。这些后果不仅影响到渔民本身,也影响到海产品价值链下游行业的参与者。

如果把重点放在与促进渔业可持续性相关的主要目标上,并结合具体方案来解决预期的其他目标,政策改变可能会更容易被接受。例如,可以制订方案补偿受改革影响的弱势群体并加速其转型,或通过授予最易受到影响的利益相关方选择性豁免权来调整政策改变(OECD,2013[81])。在这些情况下,更重要的是在决策过程中考虑到豁免和调整的机会成本,以及补偿和促进转型的预算成本。

---

① 有时,渔业政策甚至旨在实现与领土主权、保护海洋生态系统的生物多样性或改善本国财政状况有关的战略目标(OECD,2017[19])。越来越多的信息表明,所有经济部门都需要采取减缓战略,以尽可能地限制气候变化,这也表明提高燃油效能应成为渔业管理的另一个目标(He等,2018[107])。

在许多情况下,与渔业政策相比,包括渔业的扶持政策,有针对性的社会政策、培训机会和转型资助措施或有利于地方经济发展的公共支持,可以更高效地提高沿海渔业社区的适应性,以更低的成本使渔业管理所需的政策改变更容易被接受。例如,Nielsen 及其同事(2018[62])将北欧国家的福利模式视为推动这些国家渔业政策改变的关键因素①。近期有报告(OECD,2018[82])建议各国政府应利用信息、规划、融资和监测方面的创新,帮助提高沿海地区的适应能力,并强调在沿海基础设施的设计、规划和运营方面,需与沿海社区密切合作。

对支持可持续蓝色经济发展的日益重视为沿海地区提供了新的就业机会,有利于促进渔业政策未来的改变。本项目受访专家提了一些在蓝色经济计划背景下使用补偿方法的政策改变事件。其中包括在禁渔期支付生态系统服务费,向那些想利用其渔船从事非捕捞活动(如清理塑料垃圾,收集或监测数据)的渔民支付费用,以及通过向从事其他活动的渔民发放小额信贷等途径发展水产养殖业或旅游业(Nielsen 等,2018[62])。

然而,由于负责机构的不同,使用渔业政策以外的政策工具都需要制定不同的预算并经过不同的决策渠道,通常涉及社会事务部、地区政府或负责基础设施或教育的机构。这也部分解释了只有少数政策变化涉及转型资助措施(所有问卷调查的政策改变事件中,仅 36% 提供渔民教育和船员培训,18% 提供补偿,5% 提供渔船回购计划)的原因(图 3.4)。

因此,动员所有政府部门参与制定政策改变,才能确保采用最有效的政策工具,并确保由负责相关政策领域的部门制定、管理和充分利用这些政策工具。第 4.4 节将深入研究不同政府部门参与渔业政策改变进程的具体途径。

4.3.2 充分听取利益相关方的诉求

针对新政策在执行过程中可能产生的意料之外的负面影响和争议,可以通过上诉机制对其进行质疑。上诉机制是引入适应性政策改变、减少政策脆弱性并增加政策改变进程的可接受性的另一重要途径。Menard 和 Shirley(2008[47])

———————————

① 渔民老龄化也被视为推动渔业政策改变的一个因素。渔民老龄化意味着政府能用更低的补偿成本促使渔民退出该行业。

证明了通过适当的上诉机制可以加强已通过政策的可信度,尤其是当政策对各方施加限制时。上诉机制允许政策解释具有一定灵活性,同时限制政治动机的干预,避免扭曲或规避新通过的有利于特定群体的政策。

然而,上述结论的前提是上诉机制(通常由法院或行政管辖机构负责)本身是可信的,并能够在可接受的时限内对关切做出回应。在许多国家,法院根据渔业参与者或环保非政府组织的请求,通过对法律或宪法进行解释,在制定政策和改革治理方面发挥关键作用。

问卷调查结果显示,超过 40% 的政策改变事件中没有上诉制度,只有 14% 在政策改变进程中建立了具体的上诉机制。决策者未来对政策改变进程的上诉机制应投入更多的关注。

4.4　充分利用协商与合作

4.4.1　通过沟通与协商,完善和推动政策改变

利益相关方之间的协商可以让决策者了解需要并促进政策改变的问题(OECD,2014[83]),这也是通过群策群力的方式为政策改变制订最佳方案的关键。在整个政策改变进程中整合各方意见,也有益于将反对意见纳入政策改变。

通过结合沟通,协商也有助于各方更好地理解政策改变背后的根本原因,从而改变他们对拟议的政策改变的立场(OECD,2017[21])。公用事业改革以及养老金或劳动力市场重大公共政策改变的过往经验都表明,必须树立明确的目标,并和渔业利益相关方合作制定政策改变,以建立一个稳定的联盟支持改革,并确保其权威性,为成功实施政策改变创造有利条件(Ostrom,1990[51];Cowan等,1994[84];Savedoff 和 Spiller,1999[85];Shirley,2002[86];Ménard 和 Shirly,2008[47];Tompson,2009[24];OECD,2017[28])。

渔业管理部门似乎已接受了上述观点——在 86% 的问卷调查的政策改变事件中,各方就改革目标和实现目标的路径进行了广泛的沟通与协商(图3.4)。参加经合组织"推动可持续性渔业改革"会议的专家们讨论后认为,利益相关方通过向公众传播其对改革目标的解释发挥着作为传播者的重要作用。因此,通过确保建立针对所有渔业利益相关方的沟通机制,他们也将反过

来与更多的公众进行沟通。行为经济学也强调，由于政策改变的可接受性不仅取决于其实质内容，还取决于其呈现方式，所以在沟通中提出问题也非常重要（Hallsworth 等，2018[52]）。

问卷调查的结果还表明，在制定政策改变和处理待解决问题上，普遍经过了利益相关方的协商。这种协商过程成为政策改变进程的第三和第四大重要特征（图 3.5）。此外，95%的调查对象表示，对政策制定进行协商有助于各方达成改革共识（图 3.4）。

4.4.2 给予利益相关方公平的话语权

1）在透明的协商过程中权衡各方利弊

协商也有产生不正当影响、不公平竞争和政策私用的可能性，进而损害某些利益相关方的利益、公共利益及公共政策的有效性（OECD，2014[83]；OECD，2017[72]）。

例如，协商过程很可能受到公共行政文化的影响。众所周知，在某些国家，负责农业、粮食或渔业等生产性行业的政府部门历来都与渔业关系密切，而负责环境保护的政府部门则更倾向于与民间团体合作。因此，重要的是要采取具体措施，确保这些传统的合作偏好不会影响各方与非传统合作伙伴的磋商及合作。鼓励政府对员工进行培训和开展跨部门人员交流，以促进开放的环境，这有助于避免在政策制定和实施方面各自为政，并鼓励决策者客观接受利益相关方的游说。另一方面，在政府公职人员成为游说者之前建立"冷静期"，有助于避免行业和政府部门之间出现"旋转门"现象。

透明的协商过程能够监测各方的游说活动和游说能力，并可以进行不同国家、不同时期间的对比。这种监测有助于为讨论不同利益相关方对政策造成影响的相对能力提供信息，也有助于避免因产生咨询小组代表性不公平而在利益相关方之间造成紧张氛围，而这种紧张氛围在渔业中很明显，甚至比在农业中更严重，同时行业和环保非政府组织互相指责对方影响力过大且互不信任。

经合组织就保证游说活动的透明性和廉洁性给出了一些建议，以确保所有利益相关方在决策过程中拥有公平、公正的发言权。由于实施过程也可能步履

维艰,这些建议应适用于整个政策改变进程,而不仅仅是在决策阶段[①]。渔业政策改变进程中的协商原则如下:

◎ 公布起草立法或确定国家官方谈判立场时所咨询的组织和人员名单。

◎ 为政府部门和利益相关方之间的协商提供明确的流程和场地。各政府部门也可以主动公开重要部门负责人参加的会议的议程。提前通告会议相关信息,公布与会者名单、会议议程和主要会议成果,也有助于提高协商过程的总体透明度。

◎ 及时公布相关文件,如会议记录、成员国官方立场记录、提出的论点及其论点来源、从各利益集团收集到的意见及投票,以便公众对不断演变的讨论和协商过程进行充分监督。及时性是让能力有限的利益相关方参与协商的关键。

根据上述原则的适用范围和适用程度,可采取不同的方法将其应用于政策改变进程。例如,若会议过于频繁,则可能无法公布详细的会议记录;在某些情况下,还需做好保密工作,以便能公开讨论敏感议题。在这些情况下,决策者应寻求其他途径,使所有利益相关方相信政策改变进程是公平且透明的。

在协商和游说方面值得特别注意的是,捕捞活动往往具有集群化和专业化特点,在作业规模、投入以及目标种群方面存在差异。因此,渔民并不是完全同质的个体,而且很可能不同程度地受到政策改变的影响。问卷调查结果表明,在约四分之三的问卷调查的政策改变事件中,不同的渔民群体或下游行业代表对拟议的政策改变表达了不同的立场(图3.4)。虽然这并非渔业所特有的情

---

① 2010年,经合组织通过了《理事会关于游说活动透明性和廉洁性原则的建议》(OECD,2010[113]),有助于决策者更好地管理游说活动,并确保利益相关方能够有效审查游说活动。该建议还提供了一个更为广泛的保证廉洁性的框架,其中包括管理利益冲突的政策,以确保有效缓解"旋转门"现象和解决咨询小组代表性不平衡的问题。经合组织的系列比较性报告《游说者、政府和公众信任》(OECD,2009[101];OECD,2012[102];OECD,2014[83]),对执行政策方面取得的进展进行了评估。经合组织的报告《政策启示》就降低公共决策偏离公共利益的风险给决策者提供指导(OECD,2017[72])。经合组织的报告《包容性水治理中利益相关方的参与》(OECD,2015[100])也提供了一个很好的案例:在全面定位决策的利益相关方(包括在政策谈判中话语权较弱的各方)的基础上,如何在特定行业应用这些原则?

况，但这说明在协商过程中，决不能忽视行业中发言权最小的群体。本项目受访专家认为，捕捞活动的类型、渔具和渔区之间的冲突日益频繁。由于社区分散和资源有限，小规模渔民团体游说的财力和人力不足，他们可能是最不具代表性的群体。确保不同渔民游说团体平衡的一个挑战是：由于大规模的工业化捕捞可能不如小型个体渔业那样受到公众支持，代表广大渔民的游说团体倾向于"将个体渔业作为其战略传播的形象代言"，并"声称有利于个体渔业的政策也有利于整个经济，并以夸大的乘数效应和对渔业的宽泛定义来支持这一观点"（OECD，2013[81]）。专家们还一致认为，虽然从事休闲渔业的渔民的渔获物通常在总渔获量中所占份额相对较低，但在某些国家/经济体份额占比较高，因此他们也可以在围绕渔业政策改变的讨论中畅所欲言。

2）咨询小组

建立咨询小组，并将其作为对话平台，可以有效平衡不同利益相关方带来的影响，充分利用协商推动政策改变①。这些咨询小组允许参与渔业政策改变的"常客"通过制度化的程序直接参与决策，其中包括与渔业和相关政策领域不同机构的代表、利益相关方团体、非政府组织和科学机构的代表。在问卷调查的政策改变事件中，有72%成立了咨询小组以协助分析问题，而其中61%的咨询小组参与了政策改变的制定。

通过咨询小组进行的协商，其参与方式和决策过程都是由所有参与者事先明确商定的，而不是由个人发起的，比通过游说进行的协商更受政府控制，也更透明。

然而，与游说一样，各方代表性的平衡问题仍然存在。咨询小组必须具有足够的包容性，以避免因忽视某些利益相关方以及在制定政策改变时未充分考虑对其影响而产生的问题。另一方面，某些群体的代表性过度，则可能导致政策改变被私用。如果各方不能达成共同立场，即使咨询小组将各方截然不同的

---

① 经合组织（2014[83]）定义，咨询小组"指向政府提供咨询建议、专家意见或提议的任何委员会、理事会、执委会、会议、座谈、特别工作组或类似的组织，以及任何分委会、下设工作组等。由公共部门和/或私营单位员工和/或民间团体代表组成，并可由政府部门或其下属的行政、立法或司法部门设立"。

利益考虑在内,也无法发挥咨询小组该具有的角色作用。

在渔业中,咨询小组的成员较为敏感,有时局势紧张是由非行业利益相关方(特别是非政府组织)干预决策而造成的平衡性或合法性问题引起的(Peñas Lado,2016[87])。在咨询小组代表各国参加区域渔业管理组织讨论时,也出现了这种情况。

这些紧张局势并非渔业所特有。经合组织关于咨询小组的调查(2014[83])发现,利用此类小组谋取私利制造影响是经合组织成员国中新出现的问题:来自经合组织成员国的82%的问卷调查对象表示,他们在起草主要法律时会定期听取咨询小组的意见,但79%的受访立法者认为咨询小组对政策的制定和结果产生影响,还有47%的受访者认为咨询小组的意见受到特殊利益的驱使。

公开咨询小组的成员、议程、会议记录和与会者提交的材料,以便代表性不足的利益相关方对不平衡现象及时做出调整,是确保代表性合理的一种方法,也可以提升公众对其活动的监督力度,并减少政策被私用的风险。此外,经合组织就游说开展的调查(OECD,2014[83])表明,公布咨询小组中科学代表所代表的利益尤为重要,确保只提名独立的科学顾问也尤为重要。

本书的问卷调查结果表明,咨询小组主要由来自渔业和非政府组织的代表组成,来自次国家和超国家权威机构以及下游行业的代表较少(图4.1)。但该样本不足以代表整个经合组织不同类型咨询小组的发展趋势。

咨询小组面临的另一个挑战涉及其在决策过程中所承担的责任。咨询小组可以发挥各种作用,从纯粹的提供咨询到提出暗含约束力的建议。约束程度越大,即共同决策的程度越高,决策者就越迫切需要围绕政策改变的需求及所选择的实施方案建立联盟(甚至达成某种程度的共识),那么通过制度化协商达成共识并履行义务的可能性就越大。

当咨询小组发挥共同决策的作用时,他们还可以促使各方履行义务,从而通过在过程中减少控制、缓解冲突、解决争端,使政策和治理方面的改变更具可持续性。这对于各方履行实施改革的责任尤为重要,各方包括将控制和监测权部分下放给该行业的地方机构或私人利益相关方。

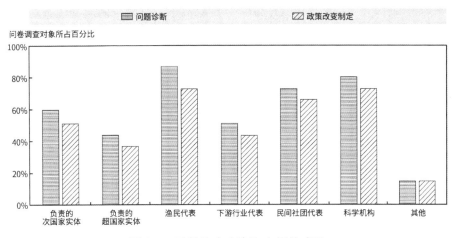

图 4.1 政策改变中咨询小组的成员

来源：经合组织问卷调查。

然而，共同决策的程度越高，推迟改革或偏离最初改革目标的风险也就越大（Tompson，2009[24]）。更长和更复杂的共同决策过程也会产生额外的交易成本。甚至可以说，代表整个社会的利益，包括关注特定群体，恰恰体现了决策者和政治家在民主制度中的作用——这也意味着应该限制非选举产生或由小团体选举产生的代表所组成的咨询小组的作用。

虽然政治经济学方面的研究文献在理解制度如何推动建立激励机制、引导不同的特殊利益群体为整个社会提供最佳解决方案方面贡献良多，很少有研究文献能够为咨询小组最优化政策改变进程的包容性和共同决策提供指导意见（OECD，2016[88]）。

4.4.3 参与管理

1）处理碎片化决策

由于渔业资源的流动性，法律规定不同部门对不同海域具有管辖权，渔业管理往往是碎片化的。因此，渔业管理的责任往往在中央、区域和地方政府，国际合作机构以及管理特定物种或渔区的机构之间划分，但也经常重叠（OECD，2011[59]；Menard，2016[56]）。

渔业管理的责任也越来越多地由负责不同政策领域，如环境、海洋甚至经济事务的机构共同分担（OECD，2017[18]）。略高于三分之一的问卷调查对象称，负责渔业管理的政府部门的一揽子总体责任发生了变化，主要是将农业、环境、海洋和海事进行了整合（图4.2）。一些调查对象还称，渔业管理的各方面责任由不同部门承担。在某些国家/经济体，渔业管理部门职能的变化使得公众日益认识到发生在海上的各种人类活动之间会相互关联，并认识到有必要将渔业政策纳入更广泛的海洋经济背景下，其目标是确保渔业政策与影响海洋资源利用的其他政策并行不悖，支持海洋经济的可持续及可适应性发展，包括应对不同人类活动对海洋生态系统的综合影响（Jay，2017[89]；Blæsbjerg 等，2009[90]；OECD，2016[11]）。

有时，分配责任会导致政府部门的设置复杂化。例如，在法国，隶属于环境部的区域和地方机构与农业部合作密切，并为之提供服务。在这些区域和地方机构中，负责渔民管理的部门直接服务于环境部，而负责船队管理的部门（特别是对特定船舶和船主的权利进行保障并对其开展管制的部门）则直接与农业部合作。

这种管理职责的碎片化会诱发政府部门之间和跨机构之间的竞争，引发多重管理主体的问题，从而降低了及时调整政策的能力，使政策改变复杂化（Weigel 和 de Monbrison，2013[91]）。碎片化还会致使各级政府部门之间决策权的分配不清和管辖权重叠，有时会导致部门协调不畅，政策重复，产生额外的交易成本，以及难以实施政策改变（Menard，2016[56]；OECD，2015[92]；OECD，2011[93]）①。在问卷调查中，40%以上的政策改变事件由于碎片化决策而放缓速度。

另一方面，渔业管理的责任由负责组合各种政策的部门共同承担，没有一个单一且明晰的政策适用于渔业管理。因此，让不同的政府部门参与决策并分担责任，可以通过促进从多个角度考虑问题来开展更全面的政策改变。

---

① 另一方面，机构间的竞争也可以限制政府垄断的风险（Laffont & Martimort，1999[38]；Estache & Martimort，2001[104]），分散决策可以促进改革更适合当地实际情况（Jin 等，2005[109]）。就管理职能碎片化是否有利于或阻碍改革进程，仍然存在争议（Laffont，2005[40]；Estache & Martimort，2001[104]）。目前，只有少数实证研究评估了不同情况对改革进程的影响。只有利用比较分析才能得到比较全面的答案。

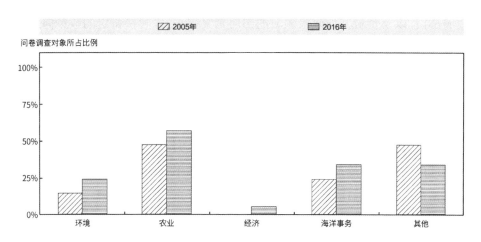

图 4.2　负责渔业管理的主要政府部门的额外职责(2005 年 VS 2016 年)

来源:经合组织问卷调查。

在不同政府部门的工作人员都非常专业的情况下,职责分配则大有裨益。将行为经济学应用于政府管理中的经验表明,将持有不同观点的个体聚集起来是克服确认偏误的必要条件,能"减少人们对有违自身信仰的信息的批判性分析",也是克服"当人们的自我审查在符合群体多数观点时"得到的群体强化,或是"在群体身份认同(及从众性)的驱动下使得群体成员们盲目拒绝其他群体的观点"而造成的群体间对立(Hallsworth 等,2018[52])。

本项目受访专家还认为,行政文化的影响(与机构内行政人员共有的教育背景和其他社会背景相似性有关)是持久的,甚至可以阻碍其工作机构的职能变更。因此,在实践中如果不改变人员配备或其工作习惯和规范,在各部门之间转移渔业管理责任或从各部门转移到一个独立机构可能并不能实现政策改变①。

2)政府间合作组织

建立政府间合作组织是权衡决策责任的分摊与整合,并克服困难将渔业管理责任分配给正确部门的方法之一。政府间合作组织将地方、区域和国家各级

───────────────

① 由于执政党的敏感度并不总是与政府的敏感度变化相匹配,在政府的政治倾向发生变化后,情况如出一辙。

政府部门，以及负责其他政策领域的部门聚集起来，以解决特定的政策问题，或确保总体渔业管理目标与其他跨部门政策目标相得益彰。如果政府间合作组织可以囊括除负责渔业管理各个方面的行政部门之外的其他部门，还可以促进政府的整体政策改变。

政府间合作组织的案例在非法、不报告和不管制的捕捞行为治理中屡见不鲜。渔业管理部门通常从与港口、税务、海关、海岸警卫队、贸易、公安和其他执法部门的合作中受益。对打击非法、不报告和不管制的捕捞行为的最佳政策和举措情况的调查（Hutniczak 等，2019[36]）显示，自 2005 年以来，政府间组织合作机制不断得到改善，允许各方联合收集、处理和传播关于非法、不报告和不管制的捕捞行为的信息。例如，2016 年，所有问卷调查的经合组织成员国的渔业部门与其他政府部门共享信息以促进对非法、不报告和不管制的捕捞行为的侦查，其中 87% 的国家海关部门以及约四分之一的税务部门都共享了信息①。

3）建立公开和建设性对话机制

对于所有类型的多方协商倡议而言，特别是对于咨询小组和政府间合作组织而言，与具有不同背景和观点的个体之间的沟通是共同面临的挑战。然而，特别是在气候变化的背景下，将渔业资源养护和管理作为实现渔业和渔业社区适应性不可分割的一部分显得愈发重要②。

尤其是在资源或其开发所得利益受到威胁的情况下，渔业政策的目标以及从文化角度对其所发挥的作用和面临的问题的认识深深植根于个体和群体中，使沟通变得复杂。这也意味着，负责渔业管理的政府部门可能难以将协商结果

---

① 关于如何将生物多样性纳入可持续发展政策制定的主流，OECD（2018[120]）还强调了部际委员会在制定更加协调一致的国家战略和计划方面可以发挥的作用。OECD（2016[11]）呼吁所有负责海洋产业以及海洋资源养护和可持续利用的部门之间开展政府间合作，同时认识且考虑到可能出现的与之有关联的其他各类海洋活动："近代历史一再证明，一旦一系列密切相关的经济活动开始被视为一个经济系统或'经济体'，而不是单个行业的碎片化集合，就可以获得更多的关注，并可以获益于协调一致的发展战略"。探讨这种合作是否会促进具体的政策改变是非常有意义的研究方向。

② 基于不同的可持续标准认证的海产品的生产和消费在农业中起步较早并处于蓬勃发展阶段，促使农业部门开始转向与环境保护者进行更多的对话。在促进生产活动和环境保护之间的跨部门合作方面，寻找可供借鉴的最佳举措是有意义的研究方向。

转化为实际的政策改变，也难以赋予咨询小组或政府间合作组织共同决策权。

这也许可以解释，为何在过去十年，尽管渔业对总体治理进行了调整，但制定政策改变决策的实际参与方没有发生任何变化（如图4.2所示）。在整个决策过程中，只有少数问卷调查对象报告，不同政府部门和利益相关方各自的职责发生了变化（如图4.3所示）。其中唯一的显著变化包括，在问卷调查对象中，认为民众参与政策目标制定的比例从57%增至67%，认为区域和地方政府部门参与数据收集的比例从38%增至43%，认为区域和地方政府部门参与政策执行和监测的比例从43%增至48%。

结果表明，有效利用协商，特别是发挥咨询小组和政府间合作组织作用来促进政策改变，可能需要进一步了解利益相关方的文化和政策模式，并制定具体战略以促进各方之间进行开放和建设性的对话。

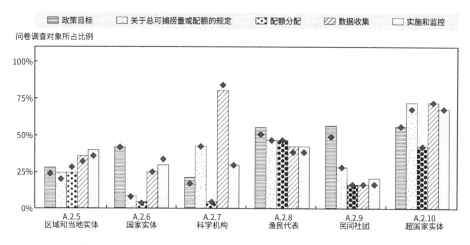

图4.3　政府部门和相关利益相关方在渔业治理中的作用
2016年 VS 2005年（菱形标记）

来源：经合组织问卷调查。

在一份将行为经济学的经验应用于政府工作的报告中，Hallsworth 等（2018[52]）建议对决策者进行培训，以开展并推动更开放的讨论。实施途径包括，利用线上平台，在小组讨论前、中、后为不同观点的表达创造空间，并通过给出框架的方式使各方都能接受建议。政策改变方案的呈现与其实质性内容一样,可以决定其可接受度。因此,改变重点,或强调对一方来说成本不高但对另一方来说具有重要象征意义的行动,也可以使各方更能接受政策改变。

文本框 4.1　给政策研究机构的建议

针对如何进一步支持政府部门和利益相关方采取有效的政策改变途径,以实现更具可持续性和适应性的渔业,本书为政策研究机构提出如下建议:

在学界、决策者和民间团体之间,以及在科学和政策领域之间搭建桥梁,从而有助于为协商和讨论提供全面的科学证据和空间。

利用建立社会经济指标等结构性方法,促进对跨区域、跨国家、跨时期且具有可比性的渔业社会经济数据的收集。

在结合治理和政策制定(渔业和其他政策领域)方面投入研究,深入探寻促进政策改变的最佳方案。基于本书的论点,可提出的进一步实践指导建议包括,利用国际协定和条约建立履约机制以加速政策改变;跨越不同行政级别、不同政策领域和不同政策组合,对管理职责进行分配;为跨政策领域的合作创造激励机制。

参考文献·

Agnew, D. et al. (2009), "Estimating the worldwide extent of illegal fishing", *PLoS* [5]
ONE, Vol. 4/2, p. 4570, http://dx.doi.org/10.1371/journal.pone.0004570.

Alesina, A., S. Ardagna and F. Trebbi (2006), "Who adjusts and when? The political [41]
economy of reforms", *IMF Staff Papers*, Vol. 53.

Alison, E. et al. (2009), "Vulnerability of national economies to the impacts of climate [16]
change on fisheries", *Fish and Fisheries*, Vol. 10/2, http://dx.doi.org/doi:10.1111/
j.1467-2979.2008.00310.x.

Barange, M. and K. Cochrane (2018), "Impacts of climate change on fisheries and [17]
aquaculture: Conclusions", in Barange, M. et al. (eds.), *Impacts of Climate Change
on Fisheries and Aquaculture: Synthesis of Current Knowledge, Adaptation and
Mitigation Options*, Food and Agricultural Organization of the United Nations.

Barrett, S. and R. Stavins (2003), "Increasing participation and compliance in inter- [79]
national climate change agreements", *International Environmental Agreements:
Politics, Law and Economics*, Vol. 3/4, pp. 349-376.

Béné, C. et al. (2016), "Contribution of fisheries and aquaculture to food security and [1]
poverty reduction: Assessing the current evidence", *World Development*, Vol. 79,
pp. 177-196, https://doi.org/10.1016/j.worlddev.2015.11.007.

Blæsbjerg, M. et al. (2009), *Marine Spatial Planning in the Nordic Region: Principles,* [90]
*Perspectives and Opportunities - Outcomes from the Nordic Forum on MPAs in
Marine Spatial Planning*, TemaNord, Nordic Council of Ministers, Copenhagen,
http://dx.doi.org/10.6027/TN2009-528.

Cabral, R. et al. (2018), "Rapid and lasting gains from solving illegal fishing", *Nature* [80]
Ecology & Evolution, Vol. 2, pp. 650-658, http://dx.doi.org/10.1038/s41559-018-
0499-1.

57

Cingano, F. and P. Pinotti (2013), "Politicians at work: The private returns and social [45] costs of political connections", *Journal of the European Economic Association*, Vol. 11/2, pp. 433-465, https://doi.org/10.1111/jeea.12001.

Coase, R. (1998), "The new institutional economics", *The American Economic Review*, Vol. 88/2, pp. 72-74, https://www.jstor.org/stable/116895. [48]

Coleman, F. and S. Williams (2002), "Overexploiting marine ecosystem engineers: Potential consequences for biodiversity", *Trends in Ecology & Evolution*, Vol. 17/1, pp. 40-44, https://doi.org/10.1016/S0169-5347(01)02330-8. [9]

Commission of the European Communities (2002), *Towards a Reinforced Culture of Consultation and Dialogue: General Principles and Minimum Standards for Consultation of Interested Parties by the Commission*, Communication from the Commission, Commission of the European Communities, Brussels, http://ec.europa.eu/ governance/docs/comm_standards_en.pdf. [68]

Cowan, A. and J. Vickers (1994), *Regulatory Reform. Economic Analysis and British Experience*, The MIT Press. [84]

Crowder, L. and E. Norse (2008), "Essential ecological insights for marine ecosystem-based management and marine spatial planning", *Marine Policy*, Vol. 32/5, pp. 772-778, http://dx.doi.org/10.1016/j.marpol.2008.03.012. [94]

Curious Minds (2018), *Participatory Science Platform*, Curious Minds website, https://www.curiousminds.nz/funding/participatory-science-platform/. [118]

De Fine Licht, J. et al. (2014), "When does transparency generate legitimacy? Experimenting on a context-bound relationship", *Governance: An International Journal of Policy, Administration, and Institutions*, Vol. 27/1, pp. 111-134, https://doi. org/10.1111/gove.12021. [73]

Deacon, R. (2010), "Pathways to fishery reform: Accounting for political economy", in Leal, D. (ed.), *The Political Economy of Natural Resource Use: Lessons for Fisheries Reform*, The International Bank for Reconstruction and Development / The World Bank. [33]

Degnbol, P. et al. (2006), "Painting the floor with a hammer: Technical fixes in fisheries management", *Marine Policy*, Vol. 30/5, pp. 534-543, http://dx.doi. org/10.1016/j.marpol.2005.07.002. [58]

DG MARE (2011), *Studies for carrying out the Common Fisheries Policy: Lot 3 Socio-economic dimensions in EU fisheries*, European Commission, DG MARE. [64]

Douvere, F. (2008), "The importance of marine spatial planning in advancing ecosystem-based sea use management", *Marine Policy*, Vol. 32/5, pp. 762-771, http:// dx.doi.org/10.1016/j.marpol.2008.03.021. [96]

Douvere, F. et al. (2007), "The role of marine spatial planning in sea use management: The Belgian case", *Marine Policy*, Vol. 31/2, pp. 182-191, https://doi.org/10.1016/j.marpol.2006.07.003. [95]

Drazen, A. (2000), *Political Economy in Macroeconomics*, Princeton University Press. [39]

Ehler, C. and F. Douvere (2007), *Visions for a Sea Change: Report of the First International Workshop on Marine Spatial Planning, Intergovernmental Oceanographic Commission and Man and the Biosphere Programme*, UNESCO. [103]

Estache, A. and D. Martimort (2001), "Transaction costs, politics, regulatory institutions and regulatory outcomes", in Manzetti, L. (ed.), *Regulatory Policy in Latin America: Post-Privatization Realities*, North-South Press Center of the University of Miami. [104]

FAO (2018), *The State of World Fisheries and Aquaculture 2018*, Food and Agriculture Organization of the United Nations, http://www.fao.org/documents/card/en/c/I9540EN/. [2]

FAO (2017), *Global Capture Production 1950-2015, Fishery and Aquaculture Statistics (FishstatJ)*, Food and Agriculture Organization of the United Nations, http://www.fao.org/fishery/statistics/global-capture-production/en. [105]

FAO (2015), *Voluntary Guidelines for Securing Sustainable Small-Scale Fisheries in the Context of Food Security and Poverty Eradication: At a Glance*, Food and Agriculture Organization of the United Nations, http://www.fao.org/3/a-i4487e.pdf. [76]

Fischer, J. et al. (2015), "Fishers' knowledge and the ecosystem approach to fisheries: Applications, experiences and lessons in Latin America", *FAO Fisheries and Aquaculture Technical Paper*, No. 591, Food and Agriculture Organization of the United Nations, http://www.fao.org/3/a-i4664e.pdf. [71]

Flynn, S. (2018), *Advancing Societal Resilience*. [61]

Gaines, S. et al. (2018), "Improved fisheries management could offset many negative effects of climate change", *Science Advances*, Vol. 4/8, http://dx.doi.org/10.1126/sciadv.aao1378. [13]

Garcia Molinos, J. et al. (2016), "Climate velocity and the future global redistribution of marine biodiversity", *Nature Climate Change*, Vol. 6, pp. 83-88. [14]

Giron, Y. (2012), *Blue Charity Business: Réforme de la Politique Européenne Commune des Pêches*, Collectif Pêche et Développement. [66]

Grilo, C. (2015), "Land versus sea", *Note prepared for OECD project on The Future of the Ocean Economy*, OECD. [106]

Gruère, G., C. Ashley and J. Cadilhon (2018), "Reforming water policies in agriculture: Lessons from past reforms", *OECD Food, Agriculture and Fisheries Papers*, No. 113, OECD Publishing, Paris, http://dx.doi.org/10.1787/1826beee-en. [29]

Hallsworth, M. et al. (2018), *Behavioural Government: Using Behavioural Science to Improve how Governments Make Decisions*, The Behavioural Insights Team, https://www.behaviouralinsights.co.uk/publications/behavioural-government/.　[52]

Hellman, J., G. Jones and D. Kaufmann (2000), "'Seize the state, seize the day': State capture, corruption, and influence in transition", *Policy Research Working Paper*, No. 2444, World Bank.　[46]

He, P. et al. (2018), "Countering climate change: Measures and tools to reduce energy use and greenhouse gas emission in fisheries and aquaculture", in Barange, M. et al. (eds.), *Impacts of Climate Change on Fisheries and Aquaculture: Synthesis of Current Knowledge, Adaptation and Mitigation Options*, Food and Agricultural Organization of the United Nations.　[107]

Hiddink, J. et al. (2006), "Cumulative impacts of seabed trawl disturbance on benthic biomass, production, and species richness in different habitats", *Canadian Journal of Fisheries and Aquatic Sciences*, Vol. 63/4, pp. 721-736, https://doi.org/10.1139/f05-266.　[8]

Hilborn, R. et al. (2001), "The precautionary approach and risk management: Can they increase the probability of successes in fishery management?", *Canadian Journal of Fisheries and Aquatic Sciences*, Vol. 58/1, pp. 99-107, https://doi.org/10.1139/f00-225.　[75]

Host, J. and J. Christiansen (2018), *Nordic Fisheries in Transition: Future Challenges to Management and Recruitment*, Nordic Council of Ministers.　[63]

Hutniczak, B. (2014), "Increasing pressure on unregulated species due to changes in individual vessel quotas: An empirical application to trawler fishing in the Baltic Sea", *Marine Resource Economics*, Vol. 29/3, pp. 201-217, http://dx.doi.org/10.1086/677760.　[70]

Hutniczak, B., C. Delpeuch and A. Leroy (2019), "Closing gaps in national regulations against IUU fishing", *OECD Food, Agriculture and Fisheries Papers*, https://doi.org/10.1787/9b86ba08-en.　[36]

Hutniczak, B., C. Delpeuch and A. Leroy (2019), "Intensifying the fight against IUU fishing at the regional level", *OECD Food, Agriculture and Fisheries Papers*, https://doi.org/10.1787/b7b9f17d-en.　[78]

ICES (2017), "EU request on indicators of the pressure and impact of bottom-contacting fishing gear on the seabed, and of trade-offs in the catch and the value of landings", *ICES Special Request Advice*, No. sr.2017.13, International Council for the Exploration of the Sea, http://www.ices.dk/sites/pub/Publication%20Reports/Advice/2017/Special_requests/eu.2017.13.pdf.　[67]

IPCC (2018), *Global Warming of 1.5 °C: An IPCC Special Report on the Impacts of* [108] *Global Warming of 1.5 °C Above Pre-industrial Levels and Related Global Greenhouse Gas Emission Pathways*, Intergovernmental Panel on Climate Change, http://www.ipcc.ch/report/sr15/.

Jay, S. (2017), *Marine Spatial Planning: Assessing Net Benefits and Improving Effec-* [89] *tiveness*, Issue Paper for the 2017 OECD Green Growth and Sustainable Development Forum, 21 and 22 November, OECD, Paris, https://www.oecd.org/greengrowth/GGSD_2017_Issue%20Paper_Marine%20Spatial%20Planning.pdf.

Jin, H., Y. Qian and B. Weingast (2005), "Regional decentralization and fiscal incen- [109] tives: Federalism, Chinese style", *Journal of Public Economics*, Vol. 89/9-10, pp. 1719-1742, https://doi.org/10.1016/j.jpubeco.2004.11.008.

Kalikoski, D. et al. (2018), "Understanding the impacts of climate change for fish- [110] eries", in Barange, M. et al. (eds.), *Impacts of Climate Change on Fisheries and Aquaculture: Synthesis of Current Knowledge, Adaptation and Mitigation Options*, Food and Agricultural Organization of the United Nations.

Kawarazuka, N. and B. C (2011), "The potential role of small fish species in im- [111] proving micronutrient deficiencies in developing countries: Building evidence", *Public Health Nutrition*, Vol. 14/11, pp. 1927-1938, https://doi.org/10.1017/ S1368980011000814.

Keeler, J. (1993), "Opening the window for reform: Mandates, crises, and extraor- [112] dinary policy-making", *Comparative Political Studies*, Vol. 25/4, pp. 433-486, https://doi.org/10.1177/0010414093025004002.

Khemani, S. (2017), "Demand and supply curves in political markets: Understanding [54] the problem of public goods and why governments fail them", *Policy Research Working Paper*, No. 8213, World Bank Group.

Krueger, A. (2002), *Economic Policy Reform: The Second Stage*, University of Chica- [57] go Press.

Laffont, J. (2005), *Regulation and Development*, Cambridge University Press. [40]

Laffont, J. and D. Martimort (1999), "Separation of regulators against collusive be- [38] haviour", *RAND Journal of Economics*, Vol. 30/2, pp. 232-262, http://dx.doi. org/10.2307/2556079.

Lam, V. et al. (2016), "Projected change in global fisheries revenues under climate [15] change", *Scientific Reports*, Vol. 6.

Lewison, R. et al. (2004), "Understanding impacts of fisheries bycatch on marine [6] megafauna", *Trends in Ecology & Evolution*, Vol. 19/11, pp. 598-604, https://doi. org/10.1016/j.tree.2004.09.004.

Ménard, C. (2016), *Institutional Aspects of Governance in Fisheries Management*, [56] Consultant's report for the OECD COFI.

Ménard, C. and M. Shirley (2008), *Handbook of New Institutional Economics*, Springer. [47]

Nielsen, M. et al. (2018), *Structural Adjustment and Regulation of Nordic Fisheries until 2025*, Nordic Council of Ministers. [62]

NOAA Fisheries (2017), *Frequent Questions – Implementing the Port State Measures Agreement*, NOAA Fisheries website, https://www.fisheries.noaa.gov/insight/frequent-questions-implementing-port-state-measures-agreement. [119]

Norse, E. and L. Crowder (2005), *Marine Conservation Biology: The Science of Maintaining the Sea's Biodiversity*, Island Press. [97]

North, D. (1990), *Institutions, Institutional Change and Economic Performance*, Cambridge University Press. [49]

OECD (2018), *Fisheries Support Estimate (database)*, OECD.Stat, https://stats.oecd.org/Index.aspx?datasetcode=FISH_FSE. [35]

OECD (2018), "Innovative approaches to building resilient coastal infrastructure", OECD Environment Policy Papers, No. 13, OECD Publishing, Paris, http://dx.doi.org/10.1787/9c8a13a0-en. [82]

OECD (2018), *Mainstreaming Biodiversity for Sustainable Development*, OECD Publishing, Paris, https://dx.doi.org/10.1787/9789264303201-en. [120]

OECD (2017), "Lessons from Indonesia on fishing for food security", in *Building Food Security and Managing Risk in Southeast Asia*, OECD Publishing, Paris, http://dx.doi.org/10.1787/9789264272392-10-en. [19]

OECD (2017), "Making trade work for all", *OECD Trade Policy Papers*, No. 202, OECD Publishing, Paris, http://dx.doi.org/10.1787/6e27effd-en. [31]

OECD (2017), *Marine Protected Areas: Economics, Management and Effective Policy Mixes*, OECD Publishing, Paris, http://dx.doi.org/10.1787/9789264276208-en. [12]

OECD (2017), *OECD Review of Fisheries: Policies and Summary Statistics 2017*, OECD Publishing, Paris, http://dx.doi.org/10.1787/rev_fish_stat_en-2017-en. [18]

OECD (2017), *Preventing Policy Capture: Integrity in Public Decision Making*, OECD Public Governance Reviews, OECD Publishing, Paris, http://dx.doi.org/10.1787/9789264065239-en. [72]

OECD (2017), *The Political Economy of Biodiversity Policy Reform*, OECD Publishing, Paris, http://dx.doi.org/10.1787/9789264269545-en. [28]

OECD (2017), "The political economy of the ITQ system and resource rent tax in Icelandic fisheries", in *The Political Economy of Biodiversity Policy Reform*, OECD Publishing, Paris, http://dx.doi.org/10.1787/9789264269545-10-en. [21]

OECD (2016), *OECD Science, Technology and Innovation Outlook 2016*, OECD Publishing, Paris, http://dx.doi.org/10.1787/sti_in_outlook-2016-en. [55]

OECD (2016), *Open Government: The Global Context and the Way Forward*, OECD Publishing, Paris, https://dx.doi.org/10.1787/9789264268104-en. [88]

OECD (2016), *The Fisheries Support Estimate (FSE) Manual*, OECD, http://stats. [37] oecd.org/fileview2.aspx?IDFile=293f897b-9943-4b42-ac7b-42bc995a4677.

OECD (2016), *The Ocean Economy in 2030*, OECD Publishing, Paris, http://dx.doi. [11] org/10.1787/9789264251724-en.

OECD (2016), *Water Governance in Cities*, OECD Studies on Water, OECD Publish- [60] ing, Paris, http://dx.doi.org/10.1787/9789264251090-en.

OECD (2015), *Green Growth in Fisheries and Aquaculture*, OECD Green Growth [69] Studies, OECD Publishing, Paris, http://dx.doi.org/10.1787/9789264232143-en.

OECD (2015), *OECD Principles on Water Governance*, OECD, http://www.oecd.org/ [92] cfe/regional-policy/OECD-Principles-on-Water-Governance.pdf.

OECD (2015), *Stakeholder Engagement for Inclusive Water Governance.* [100]

OECD (2014), *Lobbyists, Governments and Public Trust, Volume 3: Implementing the* [83] *OECD Principles for Transparency and Integrity in Lobbying*, OECD Publishing, Paris, http://dx.doi.org/10.1787/9789264214224-en.

OECD (2013), *The OECD Handbook for Fisheries Managers: Principles* [81] *and Practice for Policy Design*, OECD Publishing, Paris, http://dx.doi. org/10.1787/9789264191150-en.

OECD (2012), *Lobbyists, Governments and Public Trust, Volume 2: Promot-* [102] *ing Integrity through Self-regulation*, OECD Publishing, Paris, http://dx.doi. org/10.1787/9789264084940-en.

OECD (2011), *Fisheries Policy Reform: National Experiences*, OECD Publishing, [59] Paris, http://dx.doi.org/10.1787/9789264096813-en.

OECD (2011), *Water Governance in OECD Countries: A Multi-level Ap-* [93] *proach*, OECD Studies on Water, OECD Publishing, Paris, http://dx.doi. org/10.1787/9789264119284-en.

OECD (2010), *Economic Policy Reforms 2010: Going for Growth*, OECD Publishing, [25] Paris, http://dx.doi.org/10.1787/growth-2010-en.

OECD (2010), *Making Reform Happen: Lessons from OECD Countries*, OECD Pub- [26] lishing, Paris, http://dx.doi.org/10.1787/9789264086296-en.

OECD (2010), *Recommendation of the Council on Principles for Transparency and* [113] *Integrity in Lobbying*, OECD Legal Instruments, OECD, https://legalinstruments. oecd.org/en/instruments/OECD-LEGAL-0379.

OECD (2010), *The Economics of Rebuilding Fisheries: Workshop Proceedings*, [20] OECD Publishing, Paris, http://dx.doi.org/10.1787/9789264075429-en.

OECD (2009), *Lobbyists, Governments and Public Trust, Volume 1: Increasing* [101] *Transparency through Legislation*, OECD Publishing, Paris, http://dx.doi. org/10.1787/9789264073371-en.

OECD (2007), *Structural Change in Fisheries: Dealing with the Human Dimension*, [22] OECD Publishing, Paris, http://dx.doi.org/10.1787/9789264037960-en.

OECD (2007), *Subsidy Reform and Sustainable Development: Political Economy Aspects*, OECD Sustainable Development Studies, OECD Publishing, Paris, http://dx.doi.org/10.1787/9789264019379-en. [27]

OECD (2005), *Fisheries Management Systems in OECD Countries*, OECD website, [34] http://www.oecd.org/tad/fisheries/fisheriesmanagementsystemsinoecdcountries.htm (accessed on 2018 October).

OECD/FAO (2018), *OECD-FAO Agricultural Outlook 2018-2027*, OECD Publishing, [3] Paris/FAO, Rome, http://dx.doi.org/10.1787/agr_outlook-2018-en.

Olson, M. (1965), *The Logic of Collective Action: Public Goods and the Theory of* [43] *Groups*, Harvard University Press.

Ostrom, E. (1990), *Governing the Commons: The Evolution of Institutions for Collective Action*, Cambridge University Press. [51]

Peñas Lado, E. (2016), *The Common Fisheries Policy: The Quest for Sustainability*, [87] Wiley-Blackwell.

Persson, T. and G. Tabellini (2000), *Political Economics: Explaining Economic Policy*, MIT Press. [42]

Potts, J. et al. (2016), *State of Sustainability Initiatives Review: Standards and the Blue* [114] *Economy*, International Institute for Sustainable Development (IISD), https://www.iisd.org/library/state-sustainability-initiatives-review-standards-and-blue-economy.

Powell, P. and W. DiMaggio (eds.) (1991), *The New Institutionalism in Organizational* [53] *Analysis*, University of Chicago Press.

Rice, J. et al. (2012), "The role of MPAs in reconciling fisheries management with [98] conservation of biological diversity", *Ocean & Coastal Management*, Vol. 69, pp. 217-230, http://dx.doi.org/10.1016/J.OCECOAMAN.2012.08.001.

Rothbauer, P. (2008), "Triangulation", in Given, L. (ed.), *The SAGE Encyclopedia of* [30] *Qualitative Research Methods*, Sage Publishing.

Savedoff, W. and P. Spiller (1999), *Spilled Water: Institutional Commitment in the* [85] *Provision of Water Services*, Inter-American Development Bank.

Shirley, M. (2002), *Thirsting for Efficiency: The Economics and Politics of Urban* [86] *Water System Reform*, Pergamon-Elsevier.

Song, A. et al. (2017), "Transboundary research in fisheries", *Marine Policy*, Vol. 76, [65] pp. 8-18, https://doi.org/10.1016/j.marpol.2016.10.023.

Swinnen, J. (2018), *The Political Economy of Agricultural and Food Policies*, Palgrave Macmillan US, http://dx.doi.org/10.1057/978-1-137-50102-8. [44]

Thrush, S. and P. Dayton (2002), "Disturbance to marine benthic habitats by trawling [10]
and dredging: Implications for marine biodiversity", *Annual Review of Ecology and Systematics*, Vol. 33, pp. 449-473, https://www.jstor.org/stable/3069270.

Tompson, W. (2009), *The Political Economy of Reform: Lessons from Pensions, Product Markets and Labour Markets in Ten OECD Countries*, OECD Publishing, Paris, http://dx.doi.org/10.1787/9789264073111-en. [24]

UNCLOS (1982), *United Nations Convention on the Law of the Sea*, United Nations, [115]
http://www.un.org/depts/los/convention_agreements/texts/unclos/unclos_e.pdf.

Vannuccini, S. et al. (2018), "Understanding the impacts of climate change for fisheries and aquaculture: Global and regional supply and demand trends and prospects", in Barange, M. et al. (eds.), *Impacts of climate change on fisheries and aquaculture: Synthesis of current knowledge, adaptation and mitigation options*, Food and Agricultural Organization of the United Nations. [116]

Wallace, B. et al. (2010), "Global patterns of marine turtle bycatch", *Conservation Letters*, Vol. 3/3, pp. 131-142, https://doi.org/10.1111/j.1755-263X.2010.00105.x. [7]

Walters, C. (2007), "Is adaptive management helping to solve fisheries problems?", [74]
AMBIO: A Journal of the Human Environment, Vol. 36/4, pp. 304-307, https://doi.org/10.1579/0044-7447(2007)36[304:IAMHTS]2.0.CO;2.

Weigel, J. and D. de Monbrison (2013), *State of the Art of Fisheries Co-management*, [91]
Agence Francaise de Développement and Sub-Regional Fisheries Commission.

Williamson, O. (2000), "The new institutional economics: Taking stock, looking [50]
ahead", *Journal of Economic Literature*, Vol. 38/3, pp. 595-613, http://dx.doi.org/10.1257/jel.38.3.595.

World Bank (2017), *The Sunken Billions Revisited: Progress and Challenges in Global Marine Fisheries*, World Bank, Washington, DC, https://openknowledge.worldbank.org/handle/10986/24056. [4]

World Bank (2010), *The Political Economy of Natural Resource Use: Lessons for Fisheries Reform*, World Bank, Washington, CD. [32]

Worm, B. et al. (2009), "Rebuilding global fisheries", *Science*, Vol. 325/5940, pp. 578-585, http://dx.doi.org/10.1126/science.1173146. [117]

Wright, G. et al. (2018), "The long and winding road: Negotiating a treaty for the [77]
conservation and sustainable use of marine biodiversity in areas beyond national jurisdiction", *IDDRI Study*, No. 08/18, Institut du Développement Durable et des Relations Internationales.

Ye, Y. and N. Gutierrez (2017), "Ending fishery overexploitation by expanding from [99]
local successes to globalized solutions", *Nature Ecology & Evolution*, Vol. 179, https://doi.org/10.1038/s41559-017-0179.

附录

附件 A 问卷调查

表 A.1 政策改变进程的背景因素和属性

问卷调查对象关于"造成政策改变事件的各种因素的重要性"所作出的评述

社会经济、政治、文化和历史背景
渔业在渔业地区和地方范围内的重要性如何？
渔业对国内就业的重要性如何？
水产品对国人饮食的重要性如何？
对国内渔业而言非常重要的鱼类种群是否被过度捕捞？
渔业处于良性的经济状态吗？
渔业是否高度集中？
渔业是否在国家和本地区范围内被认为是一项和文化相关的事务？
政府是否对渔业改革有清晰的要求？
渔业改革是在一个特定的政治机遇期被启动的吗？
制度背景
渔业管理决策过程的碎片化程度如何？
哪些利益相关者和机构参加了参与性委员会？
参与性委员会是否以咨询建议为名义或以提出暗含约束力的建议来干预渔业改革过程？
参与性委员会何时干预渔业改革过程？
负责渔业管理的主要主体负责哪些政策领域？

续表

利益相关者的作用
利益相关者是否反对渔业改革过程？
来自渔业的直接游说是否对渔业改革过程产生影响？（例如,包括豁免、调整或补偿）
来自渔业地区的政治家是否影响渔业改革方案的制定,或者是否积极参与渔业改革方案采纳的讨论？
不同政党之间是否就渔业问题进行辩论？
公众对渔业相关的环境保护要求是否得到表达？
不同渔民或渔业下游行业代表是否就渔业改革过程持有不同观点？
机构和咨询单位的作用
负责不同渔业管理事务的不同机构是否对渔业改革过程表达不同意见？
决策过程的碎片化是否导致渔业改革过程中的协调问题？
咨询单位是否能减少对渔业改革的反对？
咨询单位的意见和建议是否对渔业改革过程产生影响？（例如,包括豁免、调整或补偿）
渔业改革过程属性
是否就这些目标以及为实现这些目标而选择的途径进行了沟通？
影响评估是否是在事前进行的？由谁开展的？
是否在渔业改革过程中应用了上诉机制？
是否对渔业和资源状态进行了诊断？由谁开展的？

附件 B　问卷调查的政策改变事件

表 B.1　对问卷调查的政策改变事件进行评述的调查对象

调查对象	问卷调查的政策/治理改变事件简要介绍	提议日期	采纳日期	开始执行日期
澳大利亚	澳大利亚政府渔业、林业和保护部长根据1991年《渔业管理法》第91节向澳大利亚渔业管理局发出部长指示	20/12/2005	20/12/2005	01/09/2007
比利时	欧盟共同渔业政策第1380/2013号条例明确渔获物上岸规定	01/01/2013	11/12/2013	01/01/2016
加拿大	太平洋综合商业渔业倡议(http://www.pac.dfo-mpo.gc.ca/fm-gp/picfi-ipcip/index-eng.html)	13/12/2006	16/07/2007	27/09/2007
加拿大	加拿大渔业和海洋部制定的可持续渔业框架	01/01/2007	01/04/2009	01/04/2009
哥伦比亚	哥伦比亚可持续渔业发展综合政策	03/03/2014	03/03/2016	15/11/2015
德国	欧盟共同渔业政策(第1380/2013号条例(欧盟))相关的渔业改革	02/12/2011	11/12/2013	01/01/2014

调查对象	问卷调查的政策/治理改变事件简要介绍	提议日期	采纳日期	开始执行日期
爱沙尼亚	欧盟共同渔业政策（第1380/2013号条例（欧盟））相关的渔业改革	01/01/2010	31/12/2013	01/01/2014
法国	在法国海域作业的渔船授权条例修订	01/02/2016	30/12/2016	01/02/2017
希腊	欧盟共同渔业政策（第1380/2013号条例（欧盟））相关的渔业改革	13/07/2011	11/12/2013	01/01/2014
意大利	欧盟共同渔业政策（第1380/2013号条例（欧盟））相关的渔业改革	11/11/2013	11/11/2013	11/11/2013
韩国	《渔业和渔业社区发展第一框架（2016—2020年）》是一项新通过的渔业管理和内部监管法案，主要目标是通过基于社区的渔业管理工具进行渔业监管	01/01/2015	01/04/2016	16/05/2016
立陶宛	建立可转让捕鱼权制度	13/11/2013	29/06/2016	01/11/2016
拉脱维亚	引入个体可转让配额制度	01/01/2009	22/12/2009	22/12/2009
荷兰	欧盟共同渔业政策（第1380/2013号条例（欧盟））相关的渔业改革	01/09/2009	15/12/2013	01/01/2014
挪威	实施新的《海洋资源法》	09/06/2003	06/06/2008	01/01/2009
新西兰	改革外国租船在新西兰渔业水域开展捕捞作业的条件	01/08/2011	07/08/2014	01/05/2016
斯洛文尼亚	欧盟共同渔业政策（第1380/2013号条例（欧盟））相关的渔业改革	13/07/2011	17/10/2013	01/01/2014
瑞典	2009年在远洋渔业引入个体可转让配额制度	01/01/2007	17/06/2009	22/11/2009

续表

调查对象	问卷调查的政策/治理改变事件简要介绍	提议日期	采纳日期	开始执行日期
英国	欧盟共同渔业政策（第1380/2013号条例（欧盟））相关的渔业改革	01/01/2009	13/07/2011	01/01/2014
美国	《2006年马格努森·史蒂文斯渔业保护和管理再授权法》	19/06/1996	19/06/2006	01/01/2007

附件 C 受访专家 [1]

◎ Andrés Couve, 智利国家渔业协会国际事务顾问

◎ Maria Damanaki, 自然保护协会洋事务全球总经理; 前欧盟海洋事务和渔业专员

◎ Kristina Gjerde, 世界自然保护联盟全球海洋计划公海政策顾问

◎ Markus Haward, 塔斯马尼亚大学海洋和冰层专业教授

◎ Myeonghwa Jung, 韩国海事研究所国际渔业研究部主任

◎ Tae Hoon Lim, 韩国海洋和渔业部国际合作司司长

◎ Max Nielsen, 哥本哈根大学食品与资源经济学系副教授

◎ Mr. Mogens Schou, 丹麦 AquaMind 组织成员

---

[1] "推动可持续性渔业改革让改革成为现实" 会议之外的受访专家。